Wandern in der **Provence**

Georg Henke

Inhalt

Wandern in der Provence	6
Der Ölbaum	8
Zwischen Landflucht und Tourismus	10
Gefährdete Landschaft – die Camargue	12
Cabanes, Bories und Aiguiers	14

Tour 1 Über den Wolfspass – Von Vaison-la-Romaine nach Crestet und Malaucène (5.30 Std.; mittelschwer) — 16

Tour 2 Sarazenenzähnchen – Von Gigondas zu den Dentelles Sarrasines (4.30 Std.; mittelschwer) — 20

Tour 3 Enge Schluchten, weite Horizonte – Zwei Tage am Mont Ventoux (2-Tagestour; anspruchsvoll) — 23

Tour 4 Schluchtwildnis – Von Monieux zur Gorges de la Nesque (3.30 Std.; mittelschwer) — 31

Tour 5 Bilderbuchlandschaft Venaissin – Von Venasque nach Le Beaucet (4.30 Std.; einfach) — 33

Tour 6 Im Karstland des Vaucluse – Rundweg bei Fontaine-de-Vaucluse (3.30 Std.; mittelschwer) — 36

Tour 7 Bories und Zisterzienser – Von Gordes zum Kloster Sénanque (4.30 Std.; mittelschwer) — 39

Tour 8	Mühlenschlucht – Durch die Gorges de la Veroncle bei Gordes (4.30 Std.; anspruchsvoll)	**43**
Tour 9	Land der Sonne und des Windes – Über die Karsthöhen bei St-Saturnin-d'Apt (5 Std.; mittelschwer)	**46**
Tour 10	Farbenspiel des Ockers – Durch den Colorado provençal von Rustrel nach Viens (6.30 Std.; mittelschwer)	**50**
Tour 11	Im Lande Gionos – Zur Schlucht von Oppedette (3.45 Std.; anspruchsvoll)	**55**
Tour 12	Felsgründe und karge Höhen – Durch das Vallon de Combrès bei Oppède-le-Vieux (5 Std.; mittelschwer)	**58**
Tour 13	Enge Felsklüfte, weite Garrigue – Durch die Gorges de Régalon bei Mérindol (3.45 Std.; mittelschwer)	**61**
Tour 14	Die Höhen des Petit Luberon – Von Bonnieux nach Lourmarin (6 Std.; anspruchsvoll)	**64**
Tour 15	Zum Oppidum von Buoux – Durch den Grand Luberon von Apt nach Lourmarin (6 Std.; anspruchsvoll)	**68**
Tour 16	Grünes Tal unter hellem Fels – Rundweg im Tal der Aiguebrun (4.30 Std.; mittelschwer)	**71**
Tour 17	Maultierpfade im Eichenwald – Von Saignon nach Sivergues (5.30 Std.; mittelschwer)	**75**
Tour 18	Im Herzen der Provence – Mehrtageswanderung von Fontaine-de-Vaucluse nach Lourmarin (6-Tagestour; anspruchsvoll)	**79**
Tour 19	Den Römern auf der Spur – Von Sernhac zum Pont du Gard (3 Std.; einfach)	**94**

Tour 20	Spielzeugschlucht – Im Tal des Gardon (3.15 Std.; einfach)	97
Tour 21	Das Licht des Südens – In den Alpilles bei St-Rémy (3.15 Std.; einfach)	99
Tour 22	In den Fels gebaut – Von Maussane-les-Alpilles ins mittelalterliche Les Baux (4 Std.; einfach)	102
Tour 23	In den kleinen Alpen – Von Aureille zu den Grottes de Calès (5.30 Std.; mittelschwer)	107
Tour 24	Der Berg Cézannes – Über die Montagne Sainte-Victoire bei Aix (5.30 Std.; anspruchsvoll)	111
Tour 25	Am Berg der Maria Magdalena – Durch das Tal der Huveaune zum Massif de la Sainte-Baume (6 Std.; anspruchsvoll)	115
Tour 26	Zöllner- und Schmugglerpfade – Am Meer in den Calanques von Marseille (6 Std.; anspruchsvoll)	119
Tour 27	Mediterrane Küstenwildnis – Die Calanques von Cassis (6 Std.; anspruchsvoll)	123
Tour 28	Im Hochtal von St-Geniez – In den provenzalischen Voralpen bei Sisteron (4.30 Std.; mittelschwer)	126
Tour 29	Zur Kapelle der Templer – Über den Sommet de Cousson bei Digne (3.45 Std.; mittelschwer)	130
Tour 30	Verborgene Schluchten – Durch die Gorges de Trévans (5 Std.; mittelschwer)	133
Tour 31	Basses Gorges – Durch die untere Verdon-Schlucht von Quinson (3.30 Std.; mittelschwer)	136

Tour 32	Felstürme über dem Bergsee – Im Westteil der Verdonschlucht (3.45 Std.; mittelschwer)	**139**
Tour 33	Europas tiefste Kluft – Auf dem Sentier Martel durch die Verdon-Schlucht (5.30 Std.; anspruchsvoll)	**143**
Tour 34	Alpen im Abseits – Durch die provenzalischen Voralpen von Méailles nach Annot (7.30 Std.; anspruchsvoll)	**146**
Tour 35	Durch die Haute-Provence – In vier Tagen von Riez über die Gorges du Verdon nach Castellane (4-Tagestour; anspruchsvoll)	**150**
	Register	**162**

Bitte schreiben Sie uns, wenn sich etwas geändert hat!
Alle in diesem Buch enthaltenen Angaben wurden vom Autor nach bestem Wissen erstellt und von ihm und dem Verlag mit größtmöglicher Sorgfalt überprüft. Gleichwohl sind – wie wir im Sinne des Produkthaftungsrechts betonen müssen – inhaltliche Fehler nicht vollständig auszuschließen. Daher erfolgen die Angaben ohne jegliche Verpflichtung oder Garantie des Verlages oder des Autors. Beide übernehmen keinerlei Verantwortung und Haftung für etwaige inhaltliche Unstimmigkeiten. Wir bitten dafür um Verständnis und werden Korrekturhinweise gerne aufgreifen:
DuMont Buchverlag, Postfach 10 10 45, 50450 Köln
E-Mail: reise@dumontverlag.de

Wandern in der Provence

Wandersaison

Die besten Jahreszeiten für Wanderungen sind Frühling (April bis Mitte Juni) und Herbst (Mitte September bis Mitte November). In der höher gelegenen oberen Provence verschiebt sich die Wandersaison etwas zu den Sommermonaten hin. Im Hochsommer scheint fast immer die Sonne. Die Hitze kann dann bis hoch ins Gebirge unerträglich werden. Man sollte sich dann, wenn überhaupt, sehr früh in den Morgenstunden auf den Weg machen und eine lange Mittagspause einlegen. Das ganze Jahr über kann der Mistral aus Norden blasen. Er lässt die Temperatur in kurzer Zeit um bis zu 10 °C sinken.

Gehzeiten

Bitte beachten Sie: Alle in diesem Wanderführer aufgeführten Zeiten verstehen sich als reine Gehzeiten. Rechnen Sie bei der Planung einer Tour noch etwa ein Fünftel bis ein Viertel der Zeit hinzu, um Pausen für die Rast oder zum Fotografieren, Abstecher oder schlimmstenfalls ein Verlaufen zu berücksichtigen. Auch ein Wettersturz, abgerutschte Wege oder angeschwollene Bäche können die Wanderzeit erheblich verlängern.

Anspruch

In der Rubrik ›Die Wanderung in Kürze‹ wird jeweils darauf hingewiesen, ob es sich bei der Wanderung um eine einfache (+), eine mittelschwere (++) oder eine anspruchsvolle (+++) Tour handelt.

Wege und Markierungen

Wegen der vielen Abzweige ist die Orientierung in der westlichen Hügelprovence trotz vorhandener Markierungen nicht immer völlig problemlos. Einfacher ist sie in der Haute-Provence. Die Wegmarkierungen sind im Text erwähnt. Eine neue Angabe in einer Klammer zeigt an, dass ab dem betreffenden Punkt eine andere maßgeblich ist. Bedenken Sie bitte auch, dass sich manche Wege im Laufe der Zeit verändern, sodass die Beschreibungen gelegentlich nicht mehr völlig genau zutreffen. Sperrschilder *(Defense d´Entrer)* sollten unbedingt beachtet werden. Auch in den auf den ersten Blick sanften Hügelzonen der westlichen Provence trifft man auf überraschende Steilabbrüche in der Landschaft. Ist man mit Kindern unterwegs, sollte deshalb immer ein Erwachsener vorangehen.

Ausrüstung

Für alle Wanderungen ist festes Schuhwerk mit kräftiger Sohle empfehlenswert. Auf den Wegen durch die Provence passiert man immer wieder steinige und felsige Abschnitte. Einen leichten Regenschutz sollte man immer dabei haben. Auch an klaren Sonnentagen ist es ratsam sich auf fallende Temperaturen einzustellen, da der Mistral manchmal unvermittelt losbläst. Bei allen Touren unbedingt immer einen ausreichenden Vorrat an Trinkwasser mitnehmen! Quellen am Wege sind rar. Auf manchmal langen schattenlosen Wegstücken benötigt man eine Kopfbedeckung.

Karten

Für die Hauptwandergebiete der Provence existieren verlässliche Wanderkarten (1 : 25 000) des Institut Géographique National (IGN). Die zusätzlich zu der Standardserie *(serie bleue)* zu ausgesuchten Gebieten neu herausgegebene Kartenserie TOP 25 ist speziell auf die Bedürfnisse der Wanderer zugeschnitten. Von Editions Didier Richard gibt es Wanderkarten im Maßstab 1 : 50 000, auf denen ausgesuchte Wanderstrecken blau markiert sind.

Mit Bus, Bahn und Fahrrad

In der Provence gibt es nur noch wenige Bahnverbindungen. Auch das Netz der Überland-Busse ist ausgesprochen dünn. Es ist deshalb nur bei knapp der Hälfte der Wanderungen möglich, den Ausgangspunkt mit öffentlichen Verkehrsmitteln zu erreichen. Einen Ausweg bietet die Fahrradmitnahme. Die Kombination von Radfahren und Wandern ist sicherlich die intensivste Weise, die ländliche Provence zu entdecken. Es gibt viele kleine, kaum befahrene Nebenstraßen. Wegen der Steigungen ist eine gute Gangschaltung unerlässlich.

SYMBOLE IN DEN KARTEN

- ⌂ Gasthaus
- ⌂ Schutzhütte
- ⌂ Kirche
- ⌂ Kapelle
- ⌂ Kloster
- ⌂ Burg, Schloss
- ⌂ Burgruine
- ∴ Archäologische Stätte
- ⌂ Denkmal, Monument
- ✿ Mühle
- t Wegkreuz
- ⌒ Rastplatz
- ⌂ Höhle
- ⌇ Wasserfall
- ○ Quelle
- ⊢ Schiffsanlegestelle

Der Ölbaum

Unter den Charakterpflanzen des mediterranen Raumes nimmt der Ölbaum unstreitig den ersten Platz ein. Mit seinen silbrig schimmernden Blättern und den oft bizarr verwachsenen Stamm- und Astformen strahlt er Würde und Individualität aus. Die immergrünen Olivenkulturen gedeihen nur in Gegenden ohne starken Frost. In der Provence mit ihren milden Wintern finden sie gute Wachstumsbedingungen. Bleiben die Temperaturen längere Zeit unter −10°C, brechen die Ölbäume auseinander und sterben ab. Sie müssen dann bis zu den Wurzeln zurückgeschnitten werden um neu zu wachsen. In diesem Jahrhundert hat es in Teilen der Provence zweimal solche katastrophalen Wintereinbrüche gegeben, 1929 und 1985. Dies ist der Grund dafür, dass man hier heute nur noch relativ kleinwüchsige, junge Pflanzen findet. Unter optimalen Umständen kann sich der Ölbaum in Hunderten von Jahren zu einem alten, knorrigen Prachtexemplar entwickeln.

Seit 4000 Jahren kultivieren die Menschen des Mittelmeerraums den Ölbaum, der ursprünglich aus Kleinasien stammt. Den Griechen galt der Ölbaumzweig als Symbol des Friedens. Sie pflanzten Olivenbäume in allen von ihnen gegründeten Kolonien. Vor etwa 2500 Jahren brachten sie den Baum auch nach Südfrankreich. Das Olivenöl spielt seitdem eine wesentliche Rolle in der provenzalischen Küche – so wie der Knoblauch und die Kräuter. Das Öl diente in früheren Zeiten aber auch als Brennstoff für Lampen. Es bildete zudem den Grundstoff für die Seifenproduktion, die in der Provence eine lange Tradition hat.

Bis ins 19. Jh. waren die Olivenkulturen der ertragreichste Sektor der provenzalischen Landwirtschaft. Das Öl wurde in andere Regionen ausgeführt. Im Departement Var beispielsweise wurden mehr als 90 % der Produktion exportiert. Zahlreiche Familien verdankten ihren Wohlstand ausschließlich dem Öl. Heute ist die Produktion zurückgegangen. Der Absatz des provenzalischen Öls leidet unter der Konkurrenz anderer Gebiete des Mittelmeerraums. Dennoch finden sich vielerorts in der Provence in den Höhen bis zu 600 m nach wie vor ausgedehnte Olivenpflanzungen.

Der Ölbaum blüht im Mai mit weißlichen unscheinbaren Blüten. Ein neu gepflanzter Baum trägt frühestens nach fünf Jahren Früchte, oft braucht er noch erheblich länger. Es galt daher in früheren Zeiten als Barbarei, während des Krieges im Feindesland Ölbäume zu fällen. Die Früchte werden im Winter geerntet, meist zwischen November und Januar. Nur die grünen Tafeloliven pflückt man - in unreifem Zustand - schon im September. Die Oliven werden auch heute noch oft von Hand geerntet, was das schonendste Verfahren ist. Üblich ist es auch, Netze oder Tücher unter den Bäumen auszubreiten und die Früchte mit Stangen abzuschlagen. Diese Erntemethode ist bequemer, schadet aber Früchten und Baum.

Der größte Teil der Ernte wird zu Olivenöl verarbeitet. Ein Ölbaum trägt zwischen 20 und 40 kg Oliven. 5 Kilo braucht man um 1 l Öl zu gewinnen. Ein kleinerer Teil der Ernte wird als Tafeloliven auf den Markt gebracht. Diese werden zunächst in eine mit Kräutern und Knoblauch gewürzte Salzlake eingelegt, wodurch die Früchte weich werden und nach und nach ihre Bitterstoffe verlieren. Frisch vom Baum sind Oliven absolut ungenießbar.

Nach der Ernte werden die Oliven gewaschen, dann mit den Kernen zerstoßen und geknetet. Die so entstehende Masse schneidet man in kleine Teile und presst sie in den Ölmühlen aus. Manchmal werden die Oliven während des Mahlvorgangs erhitzt, was den ›Vorteil‹ hat, dass die Früchte mehr Öl abgeben. Erhitztes Olivenöl verliert allerdings an Geschmack und Vitaminen. Nach der ersten Pressung, der *première pression,* die das beste Öl ergibt, bleibt eine feste, dem Weintrester vergleichbare Masse zurück. Dieser kann man weiteres Öl entziehen. Wirklich erstklassiges Öl ergibt allerdings nur die kalte Erstpressung.

Die Qualität des Öls hängt neben der Ernte- und Pressungsmethode entscheidend vom Säuregehalt ab. Ein gutes Öl darf nicht mehr als 1 % Säure haben. Bei einer frühen Ernte sind Ertrag und Säuregehalt geringer - auch beim Olivenöl geht also Quantität auf Kosten der Qualität. Wirklich gute Öle können schon wegen des notwendigen Arbeitsaufwandes nicht billig sein; in der Provence kostet es gegenwärtig nicht unter 12-15 DM pro Liter, kann aber auch 20 DM und mehr erreichen. Viele Ölmühlen der Provence stehen Besuchern offen. Bei der Arbeit zusehen kann man allerdings nur in den Erntemonaten, also außerhalb der Reisesaison.

Zwischen Landflucht und Tourismus

Für mehr als 100 Jahre, zwischen 1850 und 1960, bedrohte eine kontinuierliche Abwanderungsbewegung die provenzalischen Dörfer der Hügel- und Bergregionen. Die Landflucht betraf besonders die abgelegenen Orte der Haute-Provence, die vielfach um die Mitte des 19. Jh. drei- bis fünfmal mehr Einwohner aufwiesen als heute. Aber auch die zentraler gelegenen Gebiete der Hügelzonen verloren oft 50–70% ihrer Bevölkerung.

Einst wohnten in diesen Orten Handwerker und Bauern, jedes brauchbare Stückchen Land wurde genutzt, man baute Getreide, Gemüse, Obst, Lavendel und Esskastanien an, stellte Walnussöl her und sammelte Beeren und Holz. Die Menschen waren verhältnismäßig arm, produzierten aber fast alles zum Leben Notwendige in der eigenen Heimat.

In vielen Orten gab es zudem kleine Industriebetriebe oder spezialisierte Handwerker, wie z. B. die Hersteller von Boule-Kugeln in Aiguines an der Verdon-Schlucht. Der dürftige Lebensstandard veranlasste im 19. Jh. viele, ihr Glück in den Städten und an der Küste zu suchen. Kultiviertes Land fiel brach und wurde von der Natur zurückerobert. Nur ein Teil der Aktivitäten wie Lavendelanbau und Schafzucht blieb noch einigermaßen rentabel.

Seit etwa 1960 aber nimmt die Bevölkerung des provenzalischen Hinterlandes wieder zu: Die verlassenen Dörfer wurden von sonnen- und naturhungrigen Städtern entdeckt. Selbst in den abgelegensten Weilern findet man den Feriensitz eines belgischen Ingenieurs oder das schmuck hergerichtete Häuschen eines aus Paris zugezogenen Keramikers. Künstler und Kunsthandwerker, Pensionäre und Freiberufler, in manchen Gegenden wie z. B. dem Roya-Tal auch alternative Neusiedler, lassen sich – vielfach dauerhaft – in den Dörfern nieder. Dazu kommen Tausende von Ferienhausbesitzern. Die Bevölkerungszahl steigt auf Grund dieser neuen Wanderungsbewegung wieder an.

Spannungen zwischen alteingesessenen Bewohnern und Neusiedlern entstehen vor allem dann, wenn diese sich an überlieferte Traditionen nicht anpassen, etwa wenn städtische Hauskäufer die althergebrachten Wasser- und Wegerechte nicht anerkennen wollen. Von den ökonomisch meist sehr viel besser gestellten Zuzüglern fühlen sich die Einheimischen nicht selten an den Rand gedrängt.

Ein weiteres Problem stellt die Landschaftszersiedlung dar. Immer wohlhabendere Schichten drängen aufs Land, die sich mit einem restaurierten einfachen Häuschen alten Stils nicht zufrieden geben, sondern sich eine Villa im Grünen mit Gärtchen und Swimmingpool errichten lassen. Vor allem im Haut-Var machen sich diese Villensiedlungen bereits unangenehm im Landschaftsbild bemerkbar.

Trotz aller zwiespältigen Auswirkungen hat die Neubesiedlung der alten Orte auch positive Seiten: Sie rettet vielfach die alte, vom Verfall bedrohte Bausubstanz und bringt Leben und einen gewissen wirtschaftlichen Aufschwung in die Orte. Allerdings verändern dabei die Dörfer oft ihren ursprünglichen Charakter – ein Verlust, den auch der flüchtige Besucher schnell erkennen kann.

Im extremsten Fall, der nur einige wenige Orte betrifft, bedeutet der Zuzug der Städter den weitgehenden Ausverkauf. Das Dorf ist zum Ort der wohlhabenden städtischen Neusiedler und der Touristen geworden. Die alteingesessene Bevölkerung ist nur noch eine Minderheit, die wenig Einfluss auf die kommunalen Entscheidungen hat. Das Dorf bekommt einen musealen Charakter und verliert seine ursprüngliche Eigenart. Dafür ist es jetzt perfekt restauriert und ziert die Titelseiten von Bildbänden und Reisereportagen.

Gefährdete Landschaft – die Camargue

Die Camargue gilt als besonders urtümliche Landschaft. Bildbände und Fotokalender verbreiten den Mythos von der wild-einsamen Sumpflandschaft mit Flamingos, wilden Pferden und Stieren. Diese imaginären Bilder lassen sich allerdings in der Wirklichkeit nur noch an wenigen Stellen wieder finden, und zwar vor allem da, wo der normale Tourist nicht mehr hin darf. Die unberührteste Zone der Camargue, der Etang des Vaccarès, ist heute unzugängliches Naturreservat.

Der größte Teil der Camargue wird landwirtschaftlich genutzt. Die Rinder- und Pferdezucht passt unter den agrarischen Aktivitäten noch am ehesten ins gängige Camargue-Klischee; bezeichnenderweise verdankt die Pferdezucht ihren heutigen Aufschwung vorwiegend dem Tourismus. 1947 gab es nur noch 200 der kleinen Camargue-Pferde, heute sind es fast 2000 – soviel wie zuletzt vor 150 Jahren.

Charakteristisch für die nördlichen Regionen der Camargue ist der Reisanbau. Er war in den 1960er und 1970er Jahren stark im Rückgang begriffen, weil die EG-Reismarktordnung sich an den niedrigeren Produktionskosten Italiens orientierte und die Konkurrenz aus den USA und Asien wuchs. Die französischen Reisbauern stellten sich damals auf Obst und Gemüse um. Aber die Umwandlung der Reisfelder hatte unerwartete Probleme zur Folge: Im Rhône-Delta verhindern heute Deichbauten die früher üblichen Überschwemmungen des Landes. Der Reisanbau – traditionell zur Entsalzung der Böden genutzt – hatte durch die systematische Be- und Entwässerung der Reisfelder einen Ersatz für die natürlichen Überflutungen geschaffen. Als die Reisanbaufläche zurückging, stieg der Salzgehalt der Erde wieder an. Für die landwirtschaftliche Nutzung ein unerwünschter Effekt. Die französische Regierung fördert daher seit 1981 den Reisanbau, um dem Steigen des Salzpegels entgegenzuwirken. Die Maßnahmen hatten Erfolg; die Camargue produziert heute wieder große Mengen Reis. Der monokulturelle Anbau entspricht jedoch nur bedingt der typischen Physiognomie dieser Region und ihrer von der Nähe des Meeres und dem Salzgehalt im Boden abhängigen Flora und Fauna. Neue Umweltprobleme für das Ökosystem entstehen überdies durch die starke Verwendung von Chemikalien im Reisanbau. Naturschützer bemühen sich daher seit den 1970er Jahren darum, die Camargue zum ›Parc naturel régional‹ erklären zu lassen.

Wein wird in der Camargue seit dem Ende des 19. Jh. vermehrt angebaut. Damals vernichtete die Reblaus einen großen Teil der französischen Weinkulturen. In der Camargue konnten die Rebfelder geflutet werden, was die Weinstöcke resistent gegen die Reblausplage machte. Den damaligen Konkurrenzvorteil haben die Camargue-Weine längst verloren. Auf den sandigen Böden gedeihen allenfalls mittelmäßige Tropfen, die bei den heutigen Ansprüchen keine guten Absatzchancen haben. Der Weinanbau geht daher ständig zurück. Zum Teil werden die Rebflächen nun zum Spargelanbau genutzt, der sich, wegen seiner hohen Arbeitsintensität, vor allem für kleine Familienbetriebe lohnt.

Die intensive Landwirtschaft mit der starken Verwendung von Unkrautvernichtungs- und Düngemitteln gefährdet das ökologische Gleichgewicht der Camargue ebenso wie die Abgase und Ölemissionen der Industriezone um Fos, wo sich Raffinerien, Chemie- und Stahlwerke konzentrieren.

Eine besondere Umweltgefahr geht von den zahllosen Jägern aus. Sie verfeuern jährlich im Rhône-Delta rund 800 000 Patronen, von denen jede bis zu 300 Bleischrotkugeln enthält. Das Blei setzt sich im Boden ab und wird von den Vögeln mit der Nahrung aufgenommen. Mehr als die Hälfte von ihnen zeigt Symptome von Bleivergiftung! Am härtesten trifft es die Wildenten, die kleine Steinchen zur Verdauung der Nahrung aufnehmen und in der steinarmen Camargue besonders viele Bleikugeln verzehren.

Trotz dieser ökologischen Gefährdungen haben sich die Symboltiere der Landschaft, die Flamingos, in den letzten Jahren stark vermehrt. Das ist vor allem auf konsequente Schutzmaßnahmen zurückzuführen. Seit 1962 brüteten die Flamingos für mehrere Jahre nicht mehr in der Camargue. Forscher fanden heraus, dass ihnen vor allem ruhige Brutplätze fehlten. Sie bauten daraufhin künstliche Brutinseln in den Salzwasserlagunen bei Salin-de-Giraud, schützten sie vor Neugierigen und erreichten bei der französischen Luftwaffe den Verzicht auf Tiefflüge in diesem Gebiet. Die Maßnahmen erwiesen sich als richtig: Mittlerweile ziehen jährlich bis zu 20 000 Flamingos in der Camargue ihren Nachwuchs groß. Ihr Bestand ist hier heute nicht mehr ernsthaft gefährdet.

Cabanes, Bories und Aiguiers

Auf dem Plateau de Vaucluse und den Ebenen nördlich des Grand Luberon trifft man zwischen Steineichenwäldchen, Macchia-Gesträuch und Lavendelfeldern immer wieder auf eigenartige, zu Kuppeln hochgeschichtete fensterlose Steinhütten, urtümliche kleine Bauten, die den geheimnisvollen Reiz dieser Landstriche noch erhöhen. Sie wurden im Provenzalischen schlicht als *Cabanes* (Hütten), *Cabanon pointu* oder *Cabanon gaulois* (spitze bzw. gallische Hütte) bezeichnet. Heute nennt man sie allgemein *Borie,* eine verfälschende, folkloristische Namensgebung, die sich aber durchgesetzt hat.

Ursprung, Funktion und Alter dieser *Bories* geben nach wie vor Rätsel auf. Eine Zeit lang hielt man sie überwiegend für Relikte aus kelto-ligurischer Zeit oder datierte sie noch weiter, bis ins Neolithikum, zurück. Heute geht man davon aus, dass einige wenige noch erhaltene *Bories* aus dem Mittelalter stammen, der Großteil aber erheblich später, zwischen dem 17. und 19. Jh., entstand. Wahrscheinlich spiegelt sich aber in den *Bories* eine uralte Bautradition des Mittelmeerraums wider, wie sie z. B. auch in den *Trulli* Apuliens zu sehen ist.

Das Bauprinzip einer *Borie* ist denkbar simpel. Man setzt Schichten von Feldsteinen derart übereinander, dass eine Lage jeweils die untere um wenige Zentimeter überragt, bis die Mauern sich zu einem Scheingewölbe zusammenfügen. Dabei werden die mörtellos gesetzten Steine etwas nach außen geneigt, damit das Regenwasser ablaufen kann. Auffallend ist die gleichbleibende Kühle im Inneren dieser Bauten. Die *Bories* wurden, zumindest in den letzten Jahrhunderten, in der Regel nicht als dauerhafte Wohnstätten genutzt. Sie dienten Hirten, Jägern, Holzköhlern und Feldarbeitern als zeitweiliger Schutz- und Schlafraum, man gebrauchte sie als Schaf- und Ziegenställe, als Lagerraum für Werkzeuge und Feldfrüchte.

Einen besonderen Zweck, die Speicherung von Regenwasser, hatten die *Aiguiers,* die man vor allem auf dem Karstplateau nördlich von St-Saturnin-d'Apt finden kann. Quellen sind hier rar, denn das Nass sickert schnell in den porösen Kalk. Man behalf sich, indem man in die hier zu findenden großen, glatten Steinflächen Rinnen eingrub, die das ablaufende Regenwasser auffingen und in ein Becken ableiteten, das zur Verringerung der Verdunstung meist mit einer *Borie* überwölbt wurde. Offene *Aiguiers* nutzte man als Viehtränke.

Das Material für die Errichtung der Bories war immer in Hülle und Fülle vorhanden. Beim Anlegen der Terrassenkulturen auf den Felsfluren mussten große Mengen Steine aus dem Boden geholt werden, um überhaupt eine kultivierbare Bodenoberfläche zu erhalten. Die so gewonnenen Steine wurden zur Eingrenzung der Felder und zur Errichtung der Stützmauern der Hangkulturen, sog. *Restanques,* genutzt. Man pflasterte Straßen und Wege mit ihnen oder baute eben *Cabanes en pierre sèche* (Hütten aus trockenem Stein). Überzählige Steine wurden sorgfältig aufgestapelt, um jederzeit als Baustoff greifbar zu sein.

In der Umgebung von Gordes sind *Bories* in ungewöhnlicher Häufung anzutreffen. Auch weisen hier Bauweise und Lage einige Besonderheiten auf. Der Grundriss ist meist rechteckig, das Dach läuft nicht spitz zu, sondern besitzt einen lang gestreckten Giebel, die Bauten sind großzügiger gestaltet und stehen meist nicht isoliert wie andernorts. Ein ganzes Dorf aus *Bories* hat man hier in den fünfziger Jahren unter der wuchernden Vegetation gefunden. Einige Gebäude dieses aus dem 17. Jh. stammenden *Village des Bories* sind zweistöckig, besitzen Treppen, einfache Portale, Back- und Wohnstuben mit Sitzbänken und gepflastertem Boden.

Man vermutet deshalb, dass es sich bei dem *Village des Bories* um eine auf längere Zeit angelegte Siedlung handelte, deren Häuser nicht nur vorübergehend benutzt wurden. Rätselhaft bleibt aber, warum noch im 17. Jh. in der Nähe eines ›modernen‹ Ortes wie Gordes ein Dorf in solch altertümlicher Bauweise errichtet wurde. Eine These besagt, dass es sich bei den Bewohnern um landlose Arme, eine kleine Gemeinschaft am Rande der Gesellschaft, gehandelt habe, die sich auf das steinige Plateau oberhalb der fruchtbaren Calavon-Ebene zurückziehen musste, um hier, wo der Boden zur Hälfte aus Steinen besteht, eine mühselige und bescheidene Existenz zu finden.

Bei den zugezogenen Villenbesitzern um Gordes gilt es als schick, eine Borie neben dem Swimmingpool stehen zu haben: Architektur der Armut in den Vorgärten der Reichen.

Über den Wolfspass

Von Vaison-la-Romaine nach Crestet und Malaucène

Die Wanderung zeigt die ganze landschaftliche Vielfalt des kleinen Kalkgebirges der Dentelles de Montmirail. Über das herrlich gelegene alte Dorf Crestet gelangt man weit hinauf in die einsame Landschaft der nach Kräutern duftenden, von hellen Felsen durchsetzten Macchiaheiden und Buschwälder.

DIE WANDERUNG IN KÜRZE

Anspruch: ++

Gehzeit: 5.30 Std.

Länge: 17 km

Charakter: Recht lange, aber ansonsten unschwere Wanderung auf aussichtsreichen schmalen Wegen und Buschwaldpfaden; kürzere Wegstücke auf Asphalt

Wanderkarte: IGN TOP 25 3040 ET, 1 : 25 000.

Einkehrmöglichkeit: Nicht verlässlich geöffnete kleine Bar bei der Burgruine von Crestet; ansonsten keine

Anfahrt: Werktags verkehren 4, sonntags 2 **Busse** vom Busbahnhof in Avignon nach Vaison-la-Romaine (Cars Lieutaud); **mit dem Kfz:** Von Orange nach Nordosten über die D 975, 30 km; **Rückfahrt mit dem Bus:** Malaucène ab 17.35 Uhr nach Vaison-la-Romaine (außer So und an Feiertagen); Mo, Di, Do weiterer Bus um 9.25 Uhr; Haltestelle an der D 938 im Ortszentrum beim Hauptplatz, gegenüber dem Hotel de Ville/Office de Tourisme.

Ausgangspunkt ist die zentrale **Place de Montfort** in **Vaison-la-Romaine.** Von deren Südostecke folgen wir der leicht ansteigenden Gasse nach Süden (Hinweis »Hôpital«), gelangen, indem wir uns leicht rechts halten, zum *Centre Hospitalier,* vor dem wir nach links in die Rue Reynaud biegen. 50 m nach dem Hospital verlassen wir die Straße nach rechts, um kurz eine felsige Kuppe mit eiserner Madonnenfigur hinaufzusteigen. Von der Höhe bietet sich ein schöner Blick zur auf den Fels gebauten Haute Ville. Wir folgen dem Höhenrücken nach Osten, immer an einem Zaun

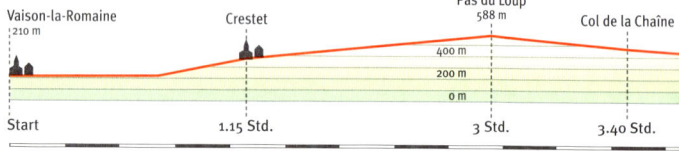

entlang, ein kurzes Stück auf einer Straße (Chemin des sus Auzes), dann auf einem Weg rechts an einem Grundstück vorbei zu einer neuen Siedlung. Hier biegen wir nach rechts in die Nebenstraße Montée des Chênes, die zur am Ufer der Ouvèze verlaufenden D 151 hinabführt. Wir folgen der ruhigen Straße stadtauswärts, kreuzen gleich den Bach Lauzon und passieren das **Kulturzentrum A Coeur Joie**.

Beim Ende des Gebäudekomplexes biegen wir nach rechts in einen asphaltierten Weg (Markierung: blauer Punkt). 100 m weiter wenden wir uns nach links, folgen einem in der Ebene der Ouvèze verlaufenden Feldweg. Der Weg beschreibt erst eine Rechts-, dann eine Linkskurve, verläuft dann ein Stück am Flussufer und erreicht die D 938 bei der Brücke über die Ouvèze. Für etwa 5 Min. müssen wir jetzt der recht verkehrsreichen Straße folgen. Wir überqueren den Fluss, biegen dann nach links auf die Straße Richtung Malaucène. Diese verlassen wir nach etwa 250 m, um kurz einer nach rechts abzweigenden Nebenstraße zu folgen. Hinter dem ersten Haus, 50 m vor einem Restaurant und einer alten Ziegelei mit Schornstein, biegen wir nach rechts in einen grasigen Weg.

Am Waldrand, 100 m weiter, wenden wir uns nach links auf einen ansteigenden Pfad. Auf dem alten Maultierweg gelangen wir nach etwa 15 Min. Anstieg zu einem breiteren Weg bei einer Zypressenreihe.

Man kann diesem bequemen Weg nach links in 10 Min. bis Crestet folgen. Schöner fand ich folgenden Weg: Wir biegen nach rechts (ohne Markierung), folgen dem breiten Weg etwa 200 m nach Norden. 20 m bevor sich der Hauptweg gabelt, zweigt man nach links auf einen ansteigenden Waldpfad, der kurz um einen Felssockel im Wald herumführt und nach 50 m auf diesen links hinaufsteigt. Wir folgen jetzt dem schmalen, ebenen Pfad auf dem Höhenrücken von Crestet, der, stellenweise am Rande der Steilkante verlaufend (Vorsicht!), durch Mischwald nach Süden führt, bis er schließlich die Rückseite der **Burgruine von Crestet** erreicht. Hier gehen wir links durch ein Tor, dann auf Pflastergassen geradeaus zur romanischen Dorfkirche beim Brunnen. Hier halten wir uns rechts und steigen zum höchsten Punkt des Dorfes bei der Burgruine an (1.15 Std.).

Beim Burgplatz nehmen wir den ebenen Weg nach Süden, der am Ortsrand auf ein Sträßchen trifft, dem man schräg nach links abwärts folgt (Markierung: gelber und roter Balken, GR de Pays). In der ersten Linkskurve unterhalb des Ortes biegen wir nach rechts in einen befestigten Fahrweg (Chemin de la Fontaine). 300 m weiter zweigen wir nach rechts auf einen ansteigenden Weg. Der Weg verengt sich bei einer Obstbaumpflanzung. Wir folgen dem markierten Hauptpfad, der ein Stück kräftig ansteigt und sich schließlich im Rechtsbogen durch einen verkohlten Wald senkt. Bei einer kleinen Ruine, oberhalb einer Obstbaumpflanzung, verbreitert sich der Weg. Bei der folgenden Gabelung links gehen und bei einem Querweg kurz darauf nach rechts biegen. Wenige Meter weiter treffen wir erneut

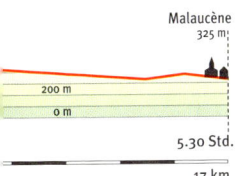

5.30 Std.

17 km

Von Vaison-la-Romaine nach Crestet und Malaucène

Die Haute-Ville von Vaison-la-Romaine

auf einen Querweg, halten uns links und erreichen ein Weinfeld. Wir gehen auf einem Pfad an der Weinpflanzung linker Hand entlang, kreuzen nacheinander zwei Bäche und steigen zu einer Wiesenfläche an.

An einem schönen Rastplatz in menschenleerer Landschaft biegen wir nach rechts, gehen bei zwei Querwegen geradeaus und schlagen bei der Gabelung darauf den rechten Weg ein. Der Weg steigt nach Süden mit Blick auf die Crête de St-Amand an. Bei einem Querweg biegen wir nach rechts, verlassen hier den gelbrot markierten Weg. Ca. 5 Min. später erreichen wir eine Wegkreuzung bei einigen Zypressen. Hier biegen wir ganz nach links, folgen jetzt dem rot-weiß markierten GR 4. Dieser steigt nach Osten an, biegt dann in mehr südliche Richtung. Einige Minuten später schlagen wir einen nach rechts abzweigenden Pfad ein. Nach ca. 10 Min. Anstieg erreichen wir einen Pass zwischen Felsen, den **Pas du Loup** (Wolfspass, 3 Std.).

Von hier gehen wir auf ebenem Pfad in südliche Richtung weiter und wenden uns bei einem Querpfad nach links. Wir durchqueren ein Wäldchen, erreichen dann, etwas nach links biegend, einen Garrigue-Hang mit schöner Fernsicht; nach Osten blickt man auf den Mont Ventoux, nach Süden erkennt man die Silhouette des Schlosses von le Barroux und ein im neoromanischen Stil errichtetes Kloster; südwestlich ragt die gezackte Felskrone der Dentelles Sarrasines auf. Auf absteigendem Waldpfad erreichen wir die D 90 (Malaucène–Suzette) beim **Col de la Chaine** (3.40 Std.).

Wir biegen nach links, zweigen kurz darauf nach rechts auf einen Fahrweg. Nach Westen erblickt man Suzette und die Dentelles Sarrasines. Bei einer Gabelung gehen wir rechts; ca. 100 m weiter biegen wir nach links auf einen schmaleren Weg ab, der sich bald zu einem Pfad verengt. Wir befinden uns auf einem schönen Hangpfad. Bei einem Querpfad geht es nach links. Nach kurzem Anstieg verläuft der Pfad wieder eben am Hang, steigt im Wald zunächst an und dann, mit Blickrichtung nach Nordosten, ab. Der Weg beschreibt eine scharfe Rechtskurve, passiert eine Obstbaumpflanzung und erreicht ein neu erbautes Haus. Hier nehmen wir den beginnenden Fahrweg, der eine Häusergruppe passiert (Asphaltierung beginnt), ein Quersträßchen kreuzt

Von Vaison-la-Romaine nach Crestet und Malaucène

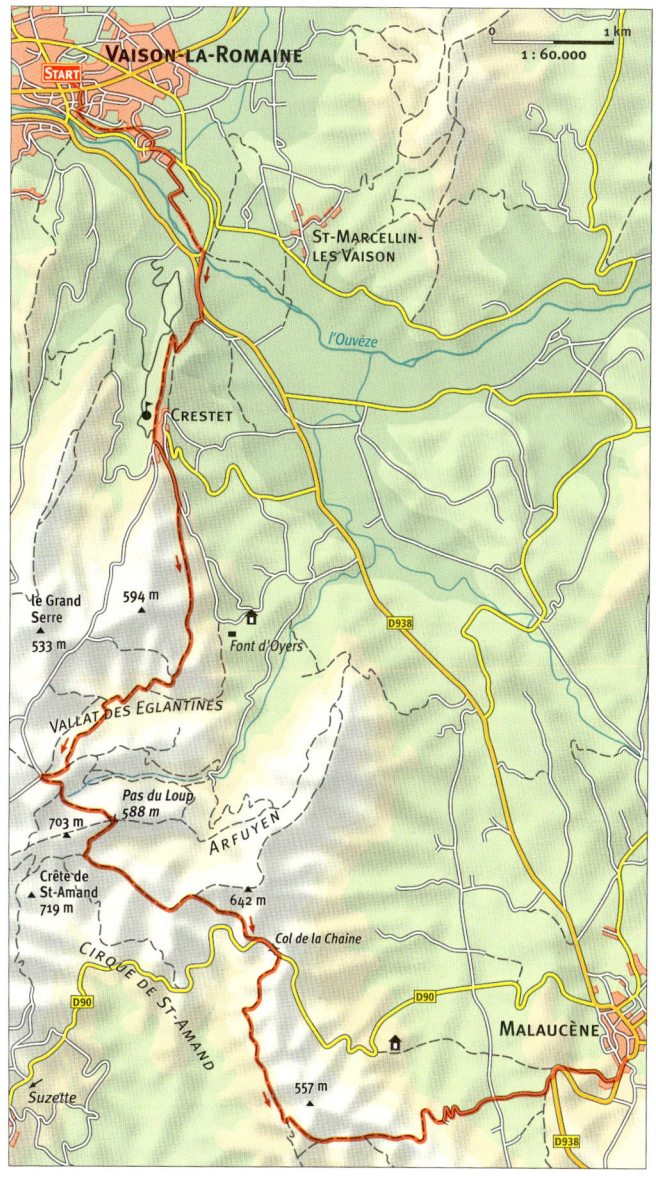

und ansteigend auf die **D 938** trifft (5.15 Std.). Wir gehen links und zweigen vor einer Hauseinfahrt sofort auf einen Pfad, der absteigend auf einen Fahrweg trifft. Kurz darauf ist **Malaucène** erreicht (5.30 Std.).

Von Gigondas zu den Dentelles Sarrasines

Sarazenenzähnchen

Tour 2

Von Gigondas zu den Dentelles Sarrasines

Die *Dentelles Sarrasines* (Sarazenenzähnchen) sind der markanteste Punkt des kleinen Gebirges von Montmirail: Aus dem ruhigen Hügelland der Weinberge, Obstwiesen und Pinienwälder wachsen unvermittelt zerfurchte weiße Kalkklippen in den blauen Himmel.

DIE WANDERUNG IN KÜRZE

Anspruch: ++

Gehzeit: 4.30 Std.

Anstieg: 510 m

Charakter: Nicht übermäßig anstrengende Wanderung auf Feld- und Fahrwegen sowie schmalen, streckenweise steinigen Pfaden. Der Weg über den Grand Travers und entlang der Dentelles Sarrasines ist für Wanderer mit ausgeprägter Höhenangst nicht geeignet.

Wanderkarte: IGN TOP 25 3040 ET, 1 : 25 000

Einkehrmöglichkeit: Nur in Gigondas; unterwegs keine

Anfahrt: Mit dem Kfz: Von Orange nach Osten über Camaret/Violès nach Gigondas, 20 km; **kein öffentlicher Nahverkehr**

Wir verlassen den **Dorfplatz von Gigondas** auf der Zufahrtsstraße nach Norden. In der ersten Linkskurve der Straße – linker Hand die alte Dorfschule – nehmen wir den abzweigenden Weg geradeaus (Markierung: gelber Punkt). Bei der folgenden Gabelung gehen wir links, kreuzen einen Bach und dann die kleine D 229 und steigen zur sichtbaren Ruine der romanischen Kapelle Saint-Côme an. Es geht rechts an der Kapelle vorbei auf dem Feldweg bergan. Nach gut 5 Min. Anstieg erreichen wir die Höhe, gehen im Rechtsbogen auf aussichtsreichem Weg um eine Hügelflanke und steigen dann nach Osten zu Tal. Bei einem breiten Querweg halten wir uns rechts, kreuzen einen Bach und treffen dahinter auf einen Fahrweg. Wir biegen nach links (ab hier ohne Markierung) und gelangen 5 Min. darauf vor dem Bauernhof Paillère zu einer schmalen Straße (50 Min.). Wir gehen rechts und folgen für etwa 15 Min. dem leicht ansteigenden Sträßchen bis zum **Bauernhof l'Encieu** (lt. IGN-Karte: Romane; 1.10 Std.).

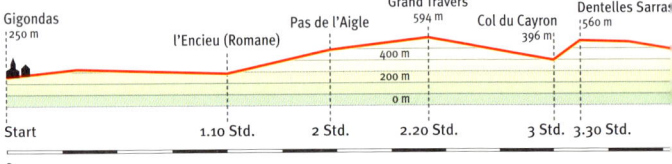

Von Gigondas zu den Dentelles Sarrasines

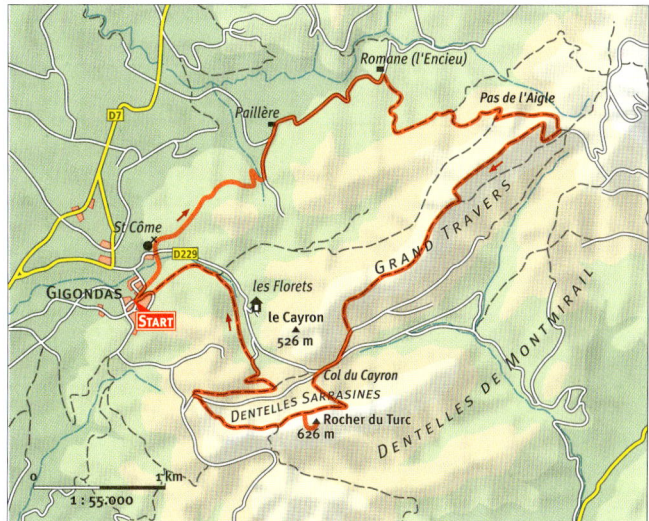

Unmittelbar vor dem Bauernhof zweigen wir nach rechts auf einen zwischen Rebpflanzungen ansteigenden Feldweg (Markierung: gelber und roter Balken). Den Abzweig nach rechts nach 150 m ignorieren wir, halten uns bei der Gabelung kurz darauf rechts. Weiter ansteigend erreichen wir einen Querweg am Waldrand, auf den wir nach links einbiegen. Nach ca. 5 Min. ebenen Weges, 20 m nach Beginn einer Einzäunung linker Hand, zweigen wir nach rechts auf einen deutlichen Waldpfad. Im Mischwald geht es weiter bergauf bis zu einem Fahrweg, dem wir nach links folgen (ohne Markierung). Der Weg steigt noch etwas an. Nach dem **Pas de l'Aigle** (2 Std.), einer Felsbresche linker Hand, beginnt er sich zu senken. 100 m nach dem höchsten Punkt zweigt nach rechts ein Pfad ab.

Wir halten uns rechts und folgen dem durch gelbe Punkte markierten Pfad nach Südwesten im Buschwald aufwärts. Dieser beschreibt bald einen Rechts- dann einen Linksbogen und erreicht nach einem Waldstück die offene Höhe des **Grand Travers** (2.20 Std.). Auf teilweise steinigem Pfad folgen wir weiter der felsigen Kammlinie des Höhenzuges, wobei sich herrliche Ausblicke zum Mont Ventoux, den Dentelles Sarrasines und zur Rhônesenke eröffnen. Zuletzt steil nach Süden (links) absteigend, treffen wir auf einen Fahrweg bei einem kleinen Parkplatz. Indem wir uns recht halten, gelangen wir 5 Min. später zu einem breiten Querweg und nach kurzem Anstieg zur großen Wegkreuzung beim **Col du Cayron** (3 Std.).

Hier nehmen wir den nach Süden ansteigenden, durch blaue Punkte

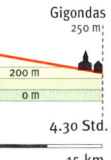

Von Gigondas zu den Dentelles Sarrasines

markierten Pfad, der mit »Sentier d'accès nord aux Dentelles Sarrasines« beschildert ist. Bei einer Gabelung nach etwa 15 Min. kräftigen Anstiegs halten wir uns rechts und folgen dem Hinweis zum Rocher du Midi. Der steinige Pfad führt zu den steilen Kalkwänden der **Dentelles Sarrasines** (3.30 Std.) aufwärts und gabelt sich erneut; wir gehen rechts. (Der ebenfalls blau markierte Pfad nach links führt auf die Felsspitze Dent du Turc; dieser nicht einfache Abstecher ist nur sportlichen Wanderern ohne Höhenangst zu empfehlen. Der Pfad führt zunächst zu einer Bresche, dann nach links am Südhang steil die Felsen hinauf. Zuletzt muss man durch eine Felshöhlung kriechen.)

Wir gehen am Nordfuß der Felsbarriere entlang weiter nach Westen. Zwei Breschen ermöglichen weite Ausblicke nach Süden. Vom Ende des Felsriegels führt der blau markierte Pfad dann in leichtem Rechtsbogen abwärts und trifft bei einem Pass auf einen vom Col du Cayron kommenden breiten Fahrweg.

Wir gehen einige Meter auf diesem nach links und biegen dann scharf nach rechts auf einen Waldweg, der sich nach Osten in 3 Min. zu einem großen Weinfeld senkt. Wir wandern etwa 500 m am oberen Rand der Rebflächen entlang bis 50 m links unterhalb des Weges ein Lagerschuppen sichtbar wird. Es geht zum Gebäude hinunter und von hier auf einem beginnenden Feldweg weiter. Dieser beschreibt nach 200 m eine scharfe Rechts- und wenig später eine deutliche Linkskurve. Gut 100 m weiter zweigen wir nach links (Richtung beibehaltend) auf einen Pfad. (Der Weg nach rechts führt nach 200 m zur vom Col de Cayron kommenden Piste beim Hotel-Restaurant Les Florets.) Der Pfad folgt dem Verlauf eines Tales in nördliche Richtung – parallel zur kleinen D 229 auf der anderen Talseite – und trifft nach knapp 10 Min. auf einen Querweg. Hier biegen wir nach links und folgen den rot-gelben Markierungen im Linksbogen um einen Hügel herum nach **Gigondas** (4.30 Std.).

Chapelle Stes-Cômes-et-Damien bei Gigondas

Enge Schluchten, weite Horizonte

Zwei Tage am Mont Ventoux

Die Mühen des Aufstiegs zum Mont Ventoux belohnen mit einer abwechslungsreichen Landschaftsszenerie. Aus der mediterranen Provence des Buschwaldes und der kleinen Kalkschluchten gelangt man durch nordisch wirkende Forste auf den völlig kahlen Gipfel, von wo sich an klaren Tagen ein herrliches Panorama von den Alpen bis zum Meer bietet.

Hinweis: Die Wanderung erstreckt sich über zwei Tage. Eine ganzjährige Übernachtungsmöglichkeit besteht am Mont Serein, einem Ski- und Ferienhausgebiet nordwestlich vom Hauptgipfel des Mont Ventoux. Die Wegführung ist so gewählt, dass sowohl Ausgangs- als auch Endpunkt der Wanderung mit dem Bus erreichbar sind.

Charakter: Recht anstrengende zweitägige Wanderung mit langem Anstieg am ersten und entsprechendem Abstieg am zweiten Tag. Ein Wegstück am Anfang der zweiten Etappe (30 Min.–1.30 Std.) verlangt eine gewisse Trittsicherheit und ist für Wanderer mit ausgeprägter Höhenangst nicht geeignet. In den Geröllrinnen der steilen Nordflanke des Mont Ventoux können sich bis in den Frühsommer hinein Firn- und Schneereste halten. Hier ist besondere Achtsamkeit erforderlich.

Ausrüstung: Warme Kleidung nicht vergessen; am Gipfel kann es auch im Sommer empfindlich kühl werden!

Wanderkarten: IGN TOP 25 3140 ET, 1 : 25 000

Einkehrmöglichkeiten: Gîte d'Etape mit Bar und Restaurant am Endpunkt der ersten Tagesetappe. Bar, Imbiss beim Gipfel des Mont Ventoux.

Anfahrt: Mit dem Bus von Vaison-la-Romaine ab 10.10 und 18.55 Uhr nach Mollans-sur-Ouvèze auf der Linie Orange–Buis-les-Baronnies (Cars Lieutaud), nur Mo–Fr, am Wochenende keine Verbindung, Fahrzeit 20 Min. Mit dem Taxi am besten von Malaucène aus, 13 km, Taxi Malaucène: Tel. 04 90 65 20 35; **Rückfahrt:** Bédoin werktags um 7.10 und 13.20 Uhr nach Carpentras; in Carpentras etwa stündlich Anschluss nach Avignon; werktags um 17.10 sowie Mo, Di, Do um 9 Uhr fahren Busse von Carpentras über Malaucène nach Vaison-la-Romaine. Taxi Bédoin: Tel. 04 90 65 65 05

Unterkunft: Mollans-sur-Ouvèze: Hotel/Restaurant Saint-Marc**, Tel. 04 75 28 70 01, im alten Ortszentrum
Am **Mont Serein:** Gîte d'Etape Chalet Interclub, 84340 Beaumont duVentoux, Tel. 04 90 63 11 25, ganzjährig geöffnet, es gibt auch einfache Zweibettzimmer; mit Restaurant.
84410 Bédoin: Hotel-Restaurant L'Escapade*, im Ortszentrum, Tel. 04 90 65 60 21

Zwei Tage am Mont Ventoux: 1. Tag

1. Tag

Von Mollans zum Mont Serein

Dauer: 6.30 Std.

Anstieg: 1230 m

Die Wanderung beginnt im Ortszentrum von **Mollans** an der Westseite der Brücke über die Ouvèze. Von der brunnengeschmückten **Place de la Fontaine** folgen wir der ansteigenden Gasse Rue des Aires und gehen bei einer Gabelung nach 50 m rechts. Am Ortsrand von Mollans kreuzen wir bei einem Trafohäuschen eine Querstraße, um einem grasigen Weg, an einem Weinfeld entlang, nach Südwesten bergan zu folgen. 50 m nach der Weinpflanzung zweigen wir nach links auf einen Waldpfad, der im Linksbogen weiter ansteigt und bei einem Grundstück auf einen Fahrweg trifft. Auf diesem gelangen wir nach rechts zur D 40/D 40 a beim **Col de Veaux** (20 Min.).

Wir überqueren die D 40 und folgen der D 40 a Richtung Veaux. Nach 50 m auf der Straße biegen wir hinter einer Obstbaumpflanzung nach links auf einen schmalen Weg, der eine Kurve der Straße abschneidet. Für gut 5 Min. folgen wir erneut der D 40 a,
bis nach rechts, zwischen zwei Leitungsmasten hindurch, zwei Fahrwege abzweigen. Wir nehmen den Abzweig ganz rechts, der sich an einer Obstwiese und Rebflächen entlang ins Tal des Toulourenc senkt. In der folgenden deutlichen Rechtskurve gehen wir auf einem schmaleren Weg geradeaus weiter, rechts an einem Lagerschuppen vorbei, auf ausgewaschenem Weg abwärts zu einem Weinfeld. An dessen rechtem Rand entlang treffen wir auf einen Querweg, dem wir zu einer Wiese unten im Talgrund folgen. Wir halten uns links und gelangen bei einem Mauerrest zum Wasser des **Toulourenc,** der hier aus einem schmalen Felskanal hervortritt – ein erfrischender Badeplatz bei sommerlicher Hitze. Auf schmalem Macchiapfaden steigen wir über einen niedrigen Felsrücken parallel zum Bach flussaufwärts, bis wir ein weiteres Weinfeld bei einem Haus erreichen. Wir wandern rechts um die Rebfläche herum und wenden uns dann nach rechts auf einen anfangs grasigen Weg. Dieser führt durch die Flussaue unterhalb des Dorfes Veaux zur **Straßenbrücke über den Toulourenc** (1.10 Std.).

Vor dieser biegen wir nach links auf einen ansteigenden Fahrweg (Markierung: roter und weißer Balken, GR 91). Wir bleiben jetzt auf dem markierten Hauptweg, der, sich

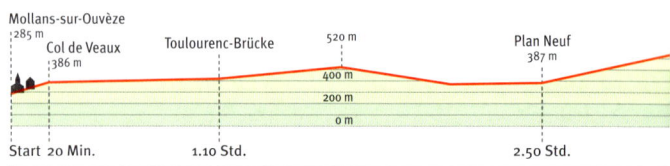

Zwei Tage am Mont Ventoux: 1. Tag

verengend, in nordöstliche Richtung für etwa 25 Min. ansteigt, dann in einer einsamen Felslandschaft hoch über dem Flusstal verläuft. Vom Weg bieten sich weite Ausblicke in die Schlucht mit ihren Felsen. Schließlich senkt sich der Weg zu Tal, ein kurzes Stück steil über einen Schotterhang, führt mit kurzem Zwischenanstieg durch ein Seitental und mündet schließlich auf Flusshöhe in eine Obstbaumwiese. Wir folgen dem Pfad am Fluss entlang, den wir bei einer Felswand nach rechts auf Steinen überqueren. (Je nach Wasserstand muss man eventuell die Schuhe ausziehen und durch das an dieser Stelle flache Wasser waten.) Auf der südlichen Flussseite bleibend, gehen wir auf Uferpfaden etwa 200 m bis zu einer alten Brücke und einem Sträßchen vor.

Wir folgen der Straße nach rechts durch das sich weitende Flusstal. Nach etwa 15 Min. auf Asphalt wird das nördlich über der Flussaue liegende winzige Dorf St-Léger-du-Ventoux sichtbar. Das Sträßchen verläuft hier rechts eines Lavendelfeldes auf den Bauernhof **Plan Neuf** (2.50 Std.) zu. Etwa 250 m vor den Gebäuden biegen wir scharf nach rechts auf einen Weg. Er führt mit zwei anfänglichen Kehren südwestlich ansteigend in eine Senke hinein. Nach einer Rodungsfläche tritt der Weg in einen Kiefernwald, wo er eine Engstelle zwischen niedrigen Felsen passiert. Etwa 50 m danach zweigen wir scharf nach links auf den abzweigenden Forstweg. In leichtem Linksbogen geht es nun 5 Min. in östliche Richtung bergan. Hinter einer Böschung, gegenüber der Einmündung eines Pfades, der geradeaus von einem kleinen Wasserfall in 150 m Entfernung kommt, beginnt ein weiterer Forstweg. Wir folgen diesem nach rechts (südlich), im Wald weiter ansteigend. 20 Min. später, unterhalb eines großen Kieshanges, biegt der Weg scharf nach links. Danach verläuft er mit Blick auf das Tal von St-Léger für weitere 20 Min. hoch am Hang in östliche Richtung, biegt dann wieder nach Südwesten. Schließlich trifft der Forstweg auf eine Waldpiste, der wir 3 Min. nach links zu einem Sattel bei einer Wasserentnahmestelle (Betonrund), dem **Col du Comte,** folgen (4.45 Std.).

Beim Pass nehmen wir den nach halblinks ansteigenden schmalen Weg (Hinweis »Sommet de Mont Ventoux/Contrat«, rot-weiße Markierung, GR 4). Der Pfad steigt am Südwesthang an, kurzzeitig durch mehr mediterrane Vegetation, senkt sich kurz zu einem Querpfad, dem wir nach links aufwärts folgen. Gut 10 Min. darauf kreuzt der GR zwei-

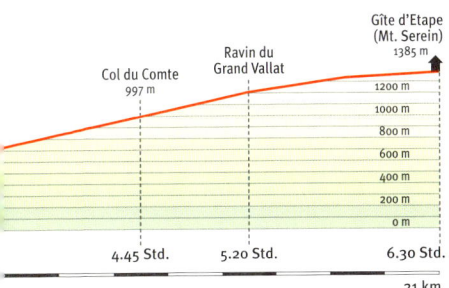

Zwei Tage am Mont Ventoux

mal einen breiteren Forstweg und erreicht nach weiteren 5 Min. im Wald den Rand eines großen, von Felsen überragten Geröllhanges, den **Ravin du Grand Vallat** (5.20 Std.). Der Blick fällt tief in das Tal des Toulourenc mit dem winzigen Dorf St-Léger. Im Linksbogen geht es dann auf einem in das Geröll eingestuften ebenen Weg durch den Einschnitt des Grand Vallat, danach durch den Wald mit morschen alten Buchen aufwärts. Schließlich erreichen wir einen breiten Querweg und eine Wegkreuzung im Wald (6 Std.). Hier wenden wir uns nach rechts, folgen jedoch nicht mit dem GR dem weiter ansteigenden breiten Forstweg, sondern scharf nach rechts dem schmaleren Waldweg (orangefarbener Hinweispfeil). Dieser beschreibt einen Rechtsbogen im Wald, verläuft ein Stück mit weiten Ausblicken am Hang und erreicht das Ferienhausgebiet am **Mont Serein**. Rechts an den Chalets vorbei gelangen wir zu einem Sträßchen und gleich darauf zur **Gîte d'Etape** (6.30 Std.).

2. Tag

Von Mont Serein nach Bédoin

Dauer: 7 Std.

Abstieg: 1600 m, **Anstieg:** 760 m

Von der **Gîte d'Etape** folgen wir zunächst der durch das Skigebiet führenden D 164 a nach Osten zum Campingplatz Caravaneige. Rechts an der Anlage vorbei, auf asphaltiertem Forstweg gelangen wir knapp 5 Min. später zu einer Lichtung im Kiefernwald. Hier biegen wir auf den nach rechts wegführenden,

Zwei Tage am Mont Ventoux: 1. Tag/2. Tag

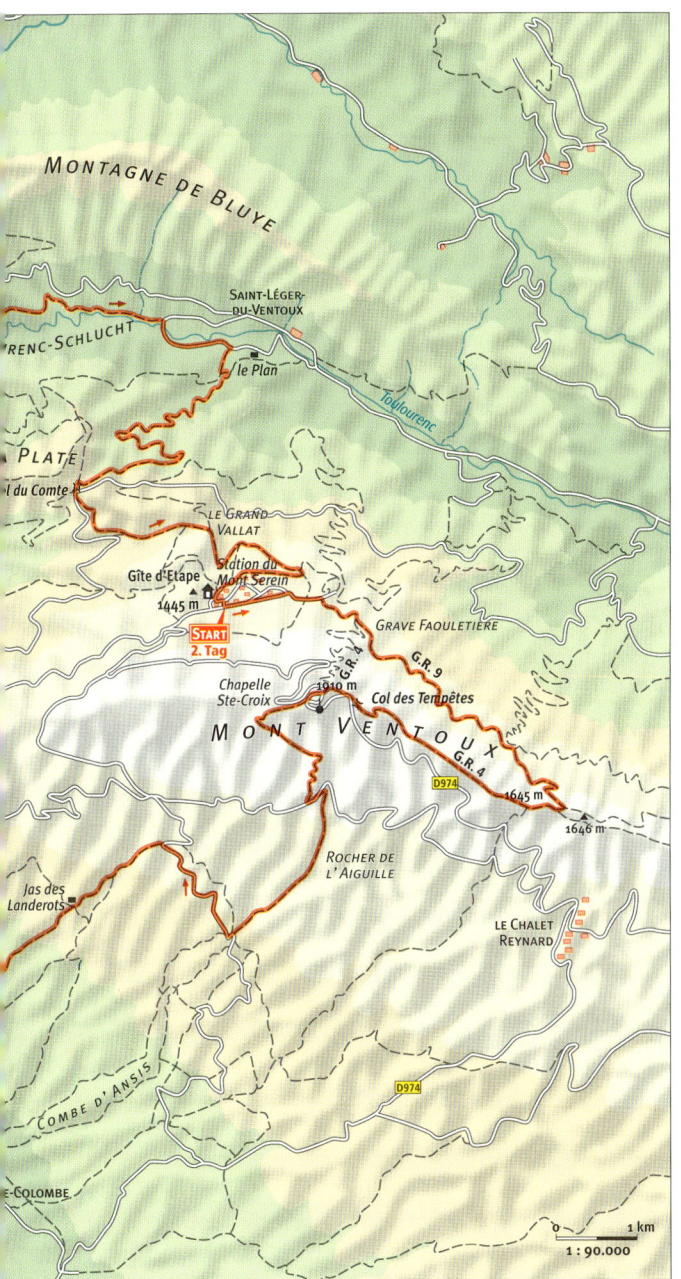

Zwei Tage am Mont Ventoux: 2. Tag

ebenen breiten Waldweg (rot-weiße Markierung, GR 9). Dieser senkt sich kurz, steigt dann an und beschreibt schließlich – nachdem der direkt auf den Mt. Ventoux hinaufführende GR 4 abgezweigt ist – eine scharfe Rechtskurve. In der Kurve gehen wir geradeaus auf einem Waldpfad weiter. Dieser führt gleich zu einem großen, von Felsen überragten Geröllhang **(Grave Faouletière)**. Sechs dieser kiesgefüllten Steilrinnen müssen wir im folgenden mit dem GR 9 überqueren, was stellenweise eine gewisse Trittsicherheit verlangt. Immer wieder eröffnen sich weite Ausblicke über hintereinander gestaffelte Bergketten der Voralpen bis zu den Viertausendern des Alpenhauptkammes. Zwischen den Schotterrinnen verläuft der Weg fast eben in Buchen- und Tannenwald. Schließlich überqueren wir eine Felsrinne mit einem Bach und gelangen gut 5 Min. später zu einem Abzweig eines schmaleren Pfades nach rechts (1.30 Std.).

Schafherde bei Bédoin

Wir folgen diesem durch gelbe Punkte markierten schmalen Pfad, der zwischen Kiefern, Tannen und bizarr verwachsenen Buchen nach Südosten ansteigt. Nach etwa 15 Min. biegt der Pfad scharf nach rechts und 200 m weiter scharf nach links, führt dann schließlich mit kräftigem Anstieg auf den kahlen, steinigen Hauptkamm des Mont Ventoux hinauf. Bei einem Querpfad nach rechts biegend, erreichen wir bei der niedrigen Kuppe **Tête de la Grave** die Kammlinie (2 Std.). Ab hier ist der Weg zum Ventoux-Gipfel nicht zu ver-

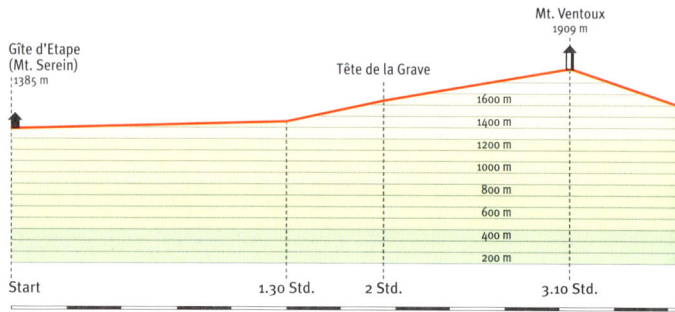

Zwei Tage am Mont Ventoux: 2. Tag

fehlen. Man folgt einfach dem offenen Höhenrücken nach Westen aufwärts, gelangt schließlich links an einer Militärisch-Anlage vorbei, zuletzt kurz auf der Straße, zur Wetterstation auf der **Bergspitze** (3.10 Std.).

Der Abstieg beginnt südwestlich unterhalb des Gipfels bei der Chapelle Ste-Croix. Von hier führt ein deutlich ausgeprägter Pfad den steinigen Hang nach Südwesten hinab (Markierung: blauer Balken). Nach gut 500 m biegt der stellenweise durch aufgeschichtete Steinhaufen gekennzeichnete Pfad nach Südosten und gelangt schließlich an den

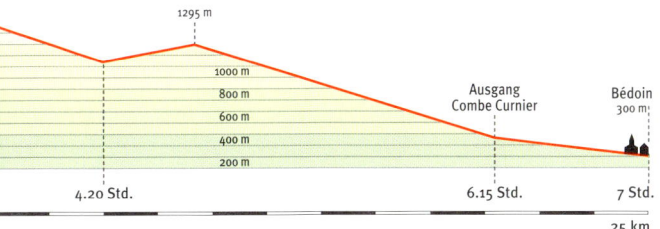

Zwei Tage am Mont Ventoux: 2. Tag

Rand eines Wäldchens. Wir durchqueren den Buchenhain auf einem Waldpfad bis zu einem Steingebäude (Unterstand), wenden uns hier nach rechts auf einen steinigen Weg und erreichen, indem wir gleich nach links abzweigen, einen asphaltierten Forstweg (4.20 Std.). Auf diesem geht es 20 m nach links, dann nach rechts auf einem Pfad in die **Combe Fiole** hinab. Wir folgen jetzt dem nicht zu verfehlenden Weg in der Senke nach Süden. Bei der Einmündung der Combe des Troix Faulx erhebt sich eine markante Felsspitze am Wegesrand. Beim Ausgang des Tals treffen wir erneut auf eine **asphaltierte Forststraße** (4.50 Std.).

Wir folgen der Forststraße nach rechts und steigen auf ihr für gut 1,5 km bergan. Gleich nach einer deutlichen Rechtskurve des Sträßchens biegen wir nach links auf einen Waldweg (rot-weiße Markierung, GR 91b) und zweigen 20 m weiter wiederum nach links auf einen schmaleren Weg. Dieser führt steil in eine .Talsenke hinab. Gleich hinter der Ruine eines Schafstalles geht es nach rechts auf einen kurz ansteigenden Waldpfad. Vor einem Fahrweg biegen wir nach links und gelangen im Wald absteigend zur großen Schäferei **Jas des Landerots**.

Wir gehen links an den Schafställen vorbei, nehmen den zweiten Abzweig nach links, einen anfangs steil nach Südwesten absteigenden Weg (Markierung: gelbes B auf kleinem Holzschild). Mit weitem Blick ins Land geht es auf einem stellenweise überwachsenen Fahrweg durch die Garrigue zügig abwärts. Nach einem steinigen Wegstück treffen wir auf einen Querweg, biegen scharf nach rechts. 100 m weiter, in einer scharfen Linkskurve, verlassen wir den Weg, folgen der gelben Markierung nach links abwärts in den Taleinschnitt hinein. Für 3 Min. müssen wir recht unbequem einen Geröllhang überqueren. Danach tritt der Pfad in die Felslandschaft der **Combe de Curnier**. Auf steinigem, aber ansonsten problemlos zu gehenden Weg passieren wir einen Felskanal mit nur 1 m auseinander stehenden Steilwänden. Auf kiesigen Pfaden wandern wir durch das trockene, völlig einsame Felstal. An dessen **Südausgang** treffen wir auf den GR 91 (6.15 Std.), den wir kreuzen.

Weiter geht es nun auf breitem Weg (ohne Markierung) links am **Anwesen les Colombets** vorbei; wir nehmen das dahinter beginnende Sträßchen. In der folgenden Linkskurve, nach 200 m auf Asphalt, folgen wir dem Waldpfad geradeaus. Indem wir die Richtung beibehalten, gelangen wir auf breiterem Weg zum alten Weiler les Tournillailles, dann auf beginnendem Sträßchen zwischen Villen in 5 Min. zu einer breiteren Querstraße. Hier biegen wir nach rechts, verlassen die Straße in der Rechtskurve 200 m weiter, um geradeaus einem Feldweg an einem alten Steinhäuschen vorbei zu folgen.

Wir kreuzen einen Bach, biegen nach links und gehen zu einer erdigen Steilwand vor. Hier nehmen wir einen Pfad nach rechts, der kurz in einem Zedernwäldchen ansteigt. Bei der folgenden Gabelung gehen wir rechts, über eine Hangstufe abwärts, dann nach links an einem Weinfeld entlang und über einen Bach zu einer Nebenstraße. Auf der Straße wenden wir uns nach links, zweigen in der folgenden Linkskurve nach rechts auf einen Asphaltweg, der im Linksbogen in gut 5 Min. zum alten Ortszentrum von **Bédoin** führt (7 Std.).

Schluchtwildnis

Von Monieux zur Gorges de la Nesque

Die Nesque, ein im Sommer trockener Flusslauf, hat sich auf ihrem Weg von den Lavendelebenen bei Sault hinab in die Rhônesenke für einige Kilometer tief in das Kalkgebirge eingegraben. Vom stillen Dorf Monieux führt unser Weg hinunter in den Grund des Felstals.

DIE WANDERUNG IN KÜRZE

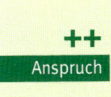

++ Anspruch

3.30 Std. Gehzeit

550 m Anstieg

Charakter: Mittelschwere Wanderung mit zwei längeren Anstiegen; recht steiler Abstieg in die Schlucht; der Weg verläuft streckenweise am oberen Rand eines Steilabfalls und ist deshalb für Wanderer mit ausgeprägter Höhenangst nicht geeignet; einfache Orientierung

Wanderkarte: IGN TOP 25 3140 ET, 1 : 25 000

Einkehrmöglichkeiten: Zwei Restaurants und eine Bar in Monieux; unterwegs keine

Anfahrt: Mit dem Kfz: Von Carpentras nach Osten auf der D 942 über Mazan Richtung Sault

In **Monieux** gehen wir vom Dorfbrunnen in südwestliche Richtung, vorbei an einem Restaurant und einem Geschäft. Bei der folgenden Straßengabelung zweigen wir nach rechts. Das Sträßchen endet bei den letzten Häusern des Ortes; auf einem Pfad geht es rechts an einem schmalen Haus vorbei. Nach kurzem Anstieg erreichen wir einen Querpfad, biegen nach links (GR 9). Der Pfad steigt für 15 Min. recht steil an.

Am Ende des Anstiegs zweigt der GR 9 nach links ab; hier geht es geradeaus ohne Markierung weiter. Der undeutlicher werdende Weg senkt sich nach Westen parallel zu einer Steinbegrenzung. Nach rechts wird der Mont Ventoux, in Wegrichtung das Anwesen Flaoussiers sichtbar. Wir gelangen zu einem Fahrweg, biegen nach rechts und bei einer Ruine darauf nach links, um am Anwesen **Flaoussiers** vorbeizugehen. 10 Min. darauf erreichen wir die D 942 und biegen nach links auf die Straße. Nach Passieren eines kurzen Tunnels gelangen wir zu einem Aussichtspunkt (Parkplatz); gegenüber erhebt sich die Steilwand des **Rocher du Cire** (1.15 Std.).

Von Monieux zur Gorges de la Nesque

Die Gorges de la Nesque

Beim Ende der Linkskurve der Straße biegen wir nach rechts über Stufen und gehen bei einer Pfadgabelung nach wenigen Metern links (Markierung: brauner Balken). Der Pfad senkt sich zu Tal. Bei einer Gabelung auf halber Höhe halten wir uns links. Nach rechts führt ein kurzer Abstecher zur großen **Höhle Castellaras**. Wir erreichen den **Schluchtgrund** (1.40 Std.), gehen 20 m neben dem Bachbett rechter Hand und überqueren dann den Bach auf Steinen. Ein kurzer steiler Anstieg führt über einige Felsblöcke; auf einem Pfad steigen wir wieder aus der Schlucht hinaus. Bei einer Gabelung geht es rechts. Nach links ist ein kurzer Abstecher zur großen **Höhle Aubesier,** einem Ausgrabungsgelände, möglich.

An der nächsten Gabelung biegen wir nach links, treffen kurz darauf auf einen Fahrweg und wenden uns nach rechts. 100 m weiter scharf nach links auf den ansteigenden Pfad abzweigen. Ein Wegstück über der Schlucht verläuft an der Steilkante; bei einem Querpfad biegen wir nach links (GR 9). Der Pfad steigt in einigen kurzen steilen Serpentinen ab, biegt nach rechts ab, verläuft unter einer senkrechten Felswand und erreicht den Schluchtgrund erneut. Wir überqueren die Nesque auf einer Holzbrücke und gelangen kurz darauf zur unter den Fels gebauten **Kapelle St-Michel** von 1643 (2.20 Std.).

Der Pfad führt von hier aus der Schlucht hinaus. Nach ca. 20 Min. Anstieg kreuzen wir die D 942. Es geht auf einem Fahrweg weiter aufwärts. Nach 5 Min. zweigen wir rechts auf einen weiter ansteigenden Pfad. Dieser führt nach einiger Zeit rechts an einem Haus vorbei und trifft wenig später auf den Hinweg, der zurück zum **Ausgangspunkt** führt (3.30 Std.).

Gorges de la Nesque

Die 12 km lange Nesque-Schlucht ist das wohl beeindruckendste Felstal des Plateau de Vaucluse. Die senkrechte Felswand des Rocher du Cire misst fast 400 m. An mehreren Stellen der Schlucht wurden Ausgrabungen vorgenommen, die neue Aufschlüsse über die prähistorische Besiedlung der Höhlen und Felsüberhänge im Schluchtgrund bringen sollen.

Nur im Frühjahr und nach sehr starken Regenfällen führt die Nesque Wasser. Die übrige Zeit versickert das Nass im porösen Karstuntergrund des Oberlaufs – die Nesque ist wahrscheinlich einer von mehreren Zuflüssen der Fontaine de Vaucluse.

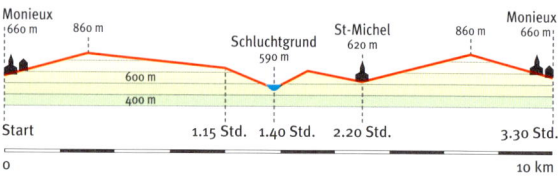

Bilderbuchlandschaft Venaissin

Von Vénasque nach le Beaucet

Das uralte Dörfchen Vénasque thront auf einem Felsrücken hoch über dem Tal der Nesque, während sich das kleine le Beaucet, nicht weniger malerisch, unter steile Felsen duckt. Zwischen beiden Dörfern erstreckt sich eine abwechslungsreiche Landschaft felsgesäumter Bachtäler mit Eichenhainen, Obstgärten und grünen Wiesen.

DIE WANDERUNG IN KÜRZE

+
Anspruch

4.30 Std.
Gehzeit

14 km
Länge

Charakter: Abwechslungsreiche Wanderung ohne längere An- und Abstiege zu etwa gleichen Teilen auf Feld- und Fahrwegen, schmalen Pfaden sowie Nebenstraßen ohne Verkehr; wegen der vielen Abzweige und wechselnden Markierungen nicht ganz einfache Orientierung

Wanderkarte: IGN TOP 25 3142 OT, 1 : 25 000

Einkehrmöglichkeiten: Bar, Restaurant in Vénasque; in Le Beaucet ein nicht ganzjährig geöffnetes Restaurant

Anfahrt: Mit dem Kfz: Von Carpentras nach Südosten auf der D 4; **kein öffentlicher Nahverkehr**

Die Wanderung beginnt am oberen Ende des alten Ortskerns von **Vénasque** bei den Ruinen der mittelalterlichen Befestigungsanlage (Place des Tours).

Wir gehen von hier an der alten Schule vorbei und biegen bei einer Straßengabelung nach links in ein ansteigendes Sträßchen, folgen dem Hinweisschild C9 Richtung Apt/Murs. Bei einer Straßengabelung nach dem Hôtel La Garrigue geht es nach links (Markierung: blauer Balken). Am Ende des Anstiegs biegen wir nach rechts auf ein schmaleres Sträßchen, das mit Blick auf den Mont Ventoux am Hang verläuft. Auf der rechten Seite folgt zunächst ein Quersträßchen und dann eine Ruine. 100 m weiter biegen wir nach rechts in einen abwärts führenden Feldweg.

Bei einer Gabelung an einem Felsen im Wald gehen wir links. Wir gelangen zu einem Querweg, wo wir nach links abbiegen (einige Meter Asphalt). Der Weg beschreibt 10 Min. später eine Linkskurve: hier nach rechts auf den absteigenden Weg abzweigen. Bei der Gabelung darauf gehen wir rechts (GR 91) auf absteigendem Weg, der sofort in westliche Richtung biegt. Wir folgen dem einsamen felsgesäumten **Tal des Rieu** (50 Min.). Nach ca. 25 Min. auf dem Talpfad erreichen wir eine Obstbaumwiese. Es geht geradeaus auf einem Fahrweg weiter, der bald auf einen breiten Querweg trifft.

Der GR biegt hier nach links. Wir aber gehen geradeaus (ohne Markierung) weiter im Tal, auf dem Fahrweg abwärts, dann auf einem Sträß-

Von Vénasque nach le Beaucet

chen aufwärts. Wir passieren ein Haus linker Hand und zweigen nach der folgenden Linkskurve nach rechts auf einen Pfad. Über eine Wiese, dann auf einem beginnenden Waldweg gelangen wir zurück zum Talsträßchen und auf diesem zu einer Querstraße. Wir biegen nach links, kreuzen gleich den Bach Rieu. Die Straße beschreibt sofort eine Linkskurve, steigt an und wendet sich wieder nach rechts. Kurz darauf zweigen wir rechts ab auf einen Pfad (Markierung: gelber Balken), wenden uns gleich nach links, um in einem Hohlweg zwischen Felsen über Steinstufen kräftig anzusteigen. Auf der Höhe erreichen wir einen Aussichtspunkt mit schönem Blick auf das Tal des Rieu, das wir bisher durchwandert haben. An einer Obstbaumwiese entlang geht es kurz zu einem Sträßchen aufwärts, das wir beim **Anwesen Jouvenal** erreichen.

Auf der Straße gehen wir 10 m nach links, biegen dann nach rechts in einen Fahrweg (Hinweis nach le Beaucet; ohne Markierung) ein. Bei der Gabelung nach 100 m halten wir uns rechts. Durch Weinfelder abwärts gelangen wir zu einem Querweg, biegen nach links und treffen auf ein vom Bauernhof la Gonette kommendes Sträßchen. Auf diesem 100 m geradeaus, dann nach links auf einen ansteigenden steinigen Weg eine Kurve der Straße abschneiden. Weiter auf dem Sträßchen, das zu einer Querstraße führt.

Wir kreuzen diese, folgen einem Weg, der sich gleich gabelt. Wir nehmen den rechten Abzweig (Hinweis nach le Beaucet). Der schmale Weg senkt sich nach Westen und erreicht nach 5 Min. eine Pfadkreuzung. Wir gehen rechts. (Auf dem Weg geradeaus kommt man später zurück.) Der Pfad führt gleich links an einer Ruine mit Zypressen vorbei, verläuft dann eben am Rande der Höhe mit schönen Ausblicken über ein felsgesäumtes grünes Tal. An der gegenüberliegenden Talseite wird das gegen den Fels gebaute le Beaucet sichtbar.

Der Weg biegt schließlich nach Norden und trifft auf einen Querweg; wir biegen nach links. Auf altem Pflasterweg, dann einem Asphaltweg zwischen Grundstücken abwärts gehend, gelangen wir zu einer Nebenstraße und zur von St-Didier kommenden D 39, der wir nach links aufwärts bis ins Ortszentrum von **le Beaucet** folgen (2.45 Std.). Die romanische Dorfkirche besitzt den typischen eisernen Glockenaufsatz, die *Barbarotte,* die dem Mistral keine Angriffsfläche bietet. Darüber erhebt sich die wuchtige Ruine einer mittelalterlichen Burganlage, die wegen Einsturz- und Steinschlaggefahr jedoch zur Zeit nicht betreten werden darf.

Wir verlassen das Ortszentrum von le Beaucet auf der ansteigenden Nebenstraße nach Süden, die an unter die Felsen gebauten Häusern vor-

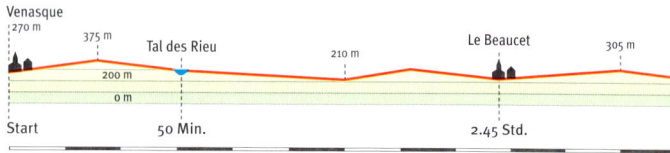

Von Vénasque nach le Beaucet

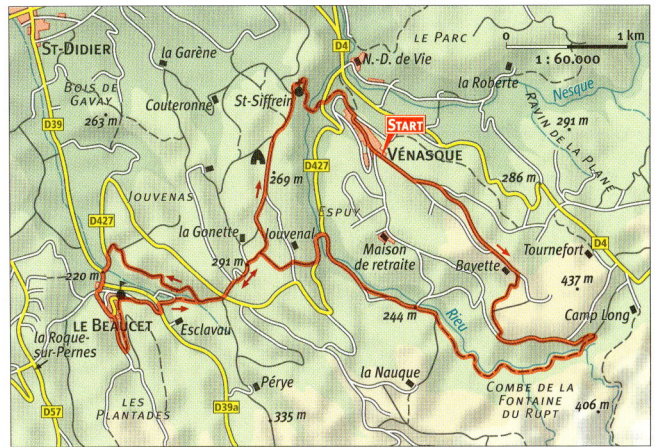

beiführt. Gut 5 Min. ab le Beaucet, hinter einem Wasserhäuschen, zweigen wir scharf nach links auf einen nach Norden führenden schmalen Weg, der dem Verlauf der Steilkante folgt (Vorsicht! Die Felsen fallen z. T. senkrecht ab). Der Weg führt zur Rückseite der Burgruine von le Beaucet – von hier Blick auf le Beaucet aus ungewöhnlicher Perspektive – biegt nach rechts, wendet sich 100 m weiter nach links abwärts. Auf altem Pflasterweg im Wald in Serpentinen absteigend, gelangen wir zu einem asphaltierten Fahrweg und auf diesem nach rechts zur schmalen, nach St-Gens führenden D 39 a. Wir biegen auf der Straße nach links, zweigen nach 50 m nach rechts auf einen an einer Wiese entlang führenden Pfad. Der Weg führt kurz in ein Felstal, kreuzt einen Bach und biegt nach links. Auf einem alten Maultierweg steigen wir im Wald aus der Talsenke hinaus und gelangen zur Pfadkreuzung.

Für etwa 15 Min. folgen wir jetzt dem Hinweg. 150 m nachdem wir beim **Anwesen la Gonette** nach rechts von dem Sträßchen abgezweigt sind, bleiben wir auf dem zwischen Weinfeldern verlaufenden Weg geradeaus.

5 Min. nach einem asphaltierten Wegstück erreichen wir eine Wegkreuzung, gehen geradeaus auf dem Fahrweg weiter (Markierung: gelber Balken). Nach Nordosten blickt man auf Vénasque vor der Silhouette des Mont Ventoux. In der folgenden Linkskurve, nach einer *Borie* (s. S. 14), gehen wir geradeaus auf einem Pfad weiter. Der etwas steinige Weg senkt sich unter Felsen. Bei einem Querweg im Talgrund rechts um eine Pumpstation herumgehen. Bei der Kapelle **St-Siffrein** (4 Std.) linker Hand kreuzen wir eine Straße und gelangen auf einem ansteigendem Waldpfad in 10 Min. nach **Vénasque** (4.30 Std.).

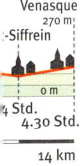

Im Karstland des Vaucluse

Rundweg bei Fontaine-de-Vaucluse

Das kleine Fontaine-de-Vaucluse zieht jedes Jahr massenhaft Besucher an. Die umgebenden Karsthöhen, ausgedörrt und windzerzaust, sind hingegen fast menschenleer und bieten gute Gelegenheit, wandernd der touristischen Betriebsamkeit zu entgehen.

DIE WANDERUNG IN KÜRZE

Anspruch: ++

Gehzeit: 3.30 Std.

Anstieg: 550 m

Charakter: Leichte bis mittelschwere Wanderung ohne lange, harte Anstiege; wegen der vielen Verzweigungen nicht ganz einfache Orientierung

Wanderkarte: IGN TOP 25 3142 OT, 1:25 000.

Einkehrmöglichkeiten: Bar in Saumane-de-Vaucluse

Anfahrt: Mit dem Kfz: Von Avignon auf der N 100/D 25 nach Osten über die freundliche Kleinstadt l'Isle-sur-la-Sorgue, 31 km; **mit dem Bus:** mehrere Fahrten täglich auf der Linie Avignon–l'Isle-sur-la-Sorgue–Fontaine-de-Vaucluse

Von der **Place de la Colonne** mit ihrer großen Steinsäule in **Fontaine-de-Vaucluse** gehen wir auf der D 25 Richtung l'Isle-sur-la-Sorgue, passieren Kirche und Post, zweigen dann nach rechts in ein nach Westen ansteigendes Sträßchen; es ist der zweite Abzweig ab dem Ausgangspunkt. Nach ca. 5 Min. endet der Asphalt; wir gehen geradeaus auf einem Weg oberhalb des Sorgue-Tals, der bald nach rechts (nördlich) biegt und sich zum Pfad verengt (Markierung: hellgelber Balken). Wir gehen oberhalb eines Felstales linker Hand und gelangen zu einem Fahrweg, dem wir weiter aufwärts folgen. Wenig später treffen wir auf einen breiten Querweg und biegen nach links. Der Abzweig 100 m weiter, der rechts nach Valescure ausgeschildert ist (45 Min.), bleibt unbeachtet; wir gehen weiter auf dem Weg geradeaus (ohne Markierung).

Dieser beschreibt gleich einen lang gezogenen Linksbogen. 30 m nach dessen Ende zweigen wir nach rechts auf einen Buschwaldpfad und folgen dem schmalen, anfangs etwas überwachsenen Pfad nach Süd-

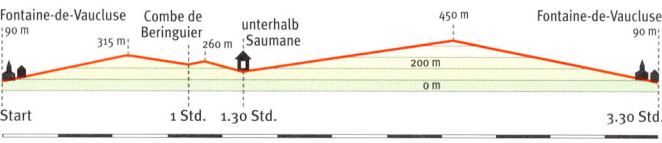

westen, der nach etwa 3 Min. in Serpentinen absteigt (weiter Blick in die Rhônesenke), um dann nach rechts (nordwestlich) biegend an einer Schichtmauer entlang zu führen. In einer bewaldeten Talsenke (**Combe de Beringuier**) treffen wir auf einen Querpfad (1 Std.). Wir gehen 10 m nach rechts, zweigen nach links auf einen steinigen Pfad, der im Linksbogen wieder aus dem Tal hinausführt. Wir kreuzen ein Sträßchen und gehen geradeaus auf dem nach Westen absteigenden Weg weiter. Dieser verengt sich und erreicht eine steinige Fläche. Rechts wird gleich darauf Saumane sichtbar. Auf einem gepflasterten Maultierpfad steigen wir nach rechts zur Talsenke unterhalb des Ortes ab. Der dort verlaufenden Straße folgen wir zum Ort hoch, an Schule und Mairie vorbei bis zum alten Waschhaus *(Lavoir)* bei einem **Restaurant** (1.30 Std.).

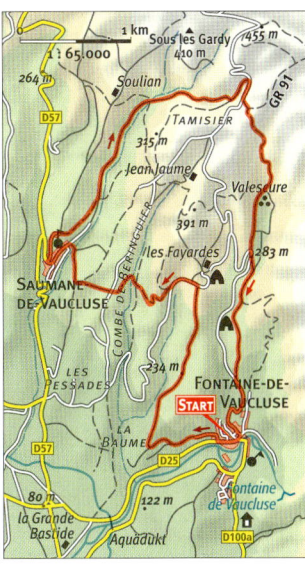

Wir nehmen das gegenüber dem Restaurant abzweigende Sträßchen, das bald links am verliesartigen Schloss von Saumane vorbeiführt. Hinter einem neueren Gebäude gleich darauf zweigen wir nach rechts auf einen sich verengenden Weg, der in ein schönes Tal hinableitet. Im Talgrund treffen wir auf einen Fahrweg, dem wir nach links folgen. Wir bleiben eine gute halbe Stunde auf dem in der Senke ansteigenden Hauptweg. Mit zuletzt kräftigem Anstieg trifft dieser bei einer Wasserentnahmestelle auf einen breiten Querweg. Wir biegen nach rechts ab, zweigen in der Rechtskurve nach 200 m nach links auf einen Pfad. Dieser steigt gut 5 Min. nach Südosten recht steil zu einem Sattel an, wo wir auf den rot-weiß markierten GR 91 treffen. Von der niedrigen Felskuppe linker Hand genießen wir einen weiten Blick ins Land. Anfänglich steil absteigend, folgen wir dem GR nach Süden zum sichtbaren **Ruinenanwesen Valescure**.

Wir gehen rechts am Gebäude vorbei, folgen dem Feldweg nach Süden. Bei einer Gabelung (5 Min. nach Valescure) halten wir uns links und biegen kurz darauf, vor Erreichen eines breiten Fahrwegs, nach links auf einen Waldweg ab. Bei einem Abzweig im Wald gehen wir geradeaus und verlassen den GR 91. Eine Borie steht rechts des Weges. Der Pfad verläuft zwischen einigen Felsen im Wald und senkt sich dann zu einem Sträßchen, auf welchem wir in gut 10 Min. den **Ausgangspunkt** erreichen (3.30 Std.).

Fontaine de Vaucluse

Die Fontaine de Vaucluse ist ein trichterförmiger Quellschacht, der von unterirdisch verlaufenden Karstbächen gespeist wird. Im Frühjahr

Rundweg bei Fontaine-de-Vaucluse

In den Vauclusebergen bei Valescure

brechen bis zu 15 0000 l Wasser pro Sekunde aus der Tiefe hervor – ein beeindruckendes Schauspiel. Die meiste Zeit des Jahres ist die Quelle jedoch nur ein dünnes Rinnsal. Die Sorgue führt allerdings ständig Wasser, da sie aus mehreren Zuflüssen gespeist wird.

Die Quelle gibt der Wissenschaft nach wie vor Rätsel auf. Der Verlauf der Karstbäche im Inneren des Kalkgebirges und die Herkunft der Wassermassen im Frühjahr konnten im Einzelnen bisher nicht ergründet werden. Der Tiefseeforscher Jacques Cousteau stieß bis in 110 m Tiefe vor, ohne den Grund der Quelle zu erreichen. Mit Hilfe ferngesteuerter Sonden konnte man neuerdings sogar bis in eine Tiefe von über 300 m vordringen. Ob damit das untere Ende des Quellschachtes erreicht wurde, ist aber noch nicht geklärt. Über den Stand der Erforschung des Höhlensystems in diesem Karstgebirge informiert die speläologische Sammlung Casteret.

Im Ort Fontaine-de-Vaucluse (600 Einwohner) ist die schlichte romanische Kirche St-Véran aus dem 12. Jh. sehenswert. Sie birgt den Sarkophag des hl. Véran, der im 6. Jh. Bischof von Cavaillon war. Diesem Schutzpatron der Hirten sind in der Provence zahlreiche Kirchen und Kapellen geweiht. Er soll das Land von dem furchtbaren, Menschen und Vieh verschlingenden Drachen Lou Coulobre befreit haben. Dem Dichter Petrarca, der im frühen 14. Jh. in Fontaine-de-Vaucluse lebte, ist ein kleines Museum gewidmet.

Fontaine-de-Vaucluse lebt weitgehend vom Tagesausflugsverkehr. Andenkenbuden und Kramläden säumen den Weg zur Karstquelle. Erst abends kehrt Stille ein. Wer den Ort in Ruhe erleben möchte, sollte eine Übernachtung einplanen.

Bories und Zisterzienser

Von Gordes zum Kloster Sénanque

Gordes ist umgeben von einer wasserarmen Kalklandschaft. Immer wieder trifft man hier auf eigentümliche, archaisch wirkende Schichtsteinhütten, die Bories. In einem Hochtal erhebt sich die 800 Jahre alte Zisterzienserabtei Sénanque, ein Juwel romanischer Baukunst.

DIE WANDERUNG IN KÜRZE

Anspruch: ++

Gehzeit: 4.30 Std.

Länge: 14 km

Charakter: Mittelschwere Wanderung ohne lange, harte Anstiege; z. T. steinige und schattenlose Pfade; bei der Orientierung ist vor allem im ersten Teil etwas Aufmerksamkeit erforderlich

Wanderkarte: IGN TOP 25 3142 OT, 1:25000

Einkehrmöglichkeit: keine

Anfahrt: Mit dem Kfz: Von Cavaillon auf der D 2 nach Nordosten, 17 km; **mit öffentlichen Verkehrsmitteln:** Zwei Busse fahren werktags ab Cavaillon.

Vom Ortszentrum in **Gordes** gehen wir auf der D 15 Richtung Cavaillon und erreichen beim Ortsende eine Straßengabelung. Hier biegen wir nach rechts auf die D 177 Richtung Sénanque ab; von dieser zweigt nach wenigen Metern nach links ein Nebensträßchen ab, das uns in südwestliche Richtung zwischen geschichteten Mauern abwärts führt. Bei einem Quersträßchen gut 5 Min. später halten wir uns rechts. Das Sträßchen führt durch eine Senke und verläuft in westliche Richtung zwischen Hausgrundstücken; in den Gärten stehen zahlreiche Bories.

20 m bevor das Sträßchen in einem Rechtsbogen endet, bei einem kleinen Hydranten links des Weges, nehmen wir einen nach links abzweigenden Pfad, der zwischen Steinmauern nach Süden absteigt. Der Pfad kreuzt zwei Querwege, wendet sich nach gut 5 Min. etwas nach rechts, führt an einer höheren Mauer rechter Hand entlang und trifft auf einen breiten Querweg. Nach rechts sind es nur wenige Meter zum **Village des Bories.**

Wir kreuzen den breiten Fahrweg und zweigen vor einer Rechtskurve 20 m weiter nach links auf einen zwischen Mauern hinabführenden Waldpfad ab, der nach gut 5 Min. auf einen Fahrweg trifft. Hier biegen wir nach rechts und kommen an einigen Grundstücken vorbei; der Weg verengt sich und führt nach Süden zum Tal der Sénancole abwärts. Bei einer Wegkreuzung im Talgrund biegen wir nach rechts ab. Wir überqueren die **Sénancole** und steigen auf einem alten Pflasterweg in etwa 3 Min. aus dem Tal hinaus. Bei einer steini-

Von Gordes zum Kloster Sénanque

gen Fläche auf der Höhe gabelt sich der Weg.

Hier lohnt sich ein kurzer Abstecher zu einer alten, unter den Fels gebauten Ölmühle. Wir wenden uns dazu nach links auf einen ebenen, durch die Schichtmauer führenden Pfad, der gleich links an einem Häuschen vorbeiführt. Nach knapp 5 Min. erreicht der Pfad eine schmale Lichtung mit kleinen Olivenbäumen. Hier zweigen wir nach links auf einen Pfad ab, der über eine Hangstufe auf ein Haus mit Borie auf der anderen Talseite zuführt und sich dann im Linksbogen auf einer Steinbefestigung zu einem unter die Felswand gebauten Bruchsteinbau senkt. Die Tür zur Anlage (Privatbesitz!) ist in der Regel geöffnet. Im Innern finden wir einen lang gestreckten Raum mit Trögen, Mahlsteinen und in den Steingrund eingelassenen Becken. Auf gleichem Weg gehen wir zurück zum Ausgangspunkt bei der Gabelung bei der steinigen Fläche.

Von hier nehmen wir den nach rechts leicht aufwärts führenden Weg und folgen diesem für etwa 3 Min. zwischen Schichtmauern, um dann nach rechts abzuzweigen. Nach 30 m gelangen wir zu einer großen Borie. Wir gehen links an dieser vorbei, folgen einem Pfad am Rande der Steilkante. Unterhalb eines Hauses mit Windrotor auf dem Dach wenden wir uns nach rechts auf einen breiteren Weg, der ins Tal der Sénancole hineinführt, deren Lauf wir nun nach Norden folgen.

Der Weg verengt sich im Tal zu einem Pfad. Bei einer deutlichen Gabelung gehen wir rechts und steigen kurz zu einem durch blaue Punkte markierten Querpfad an. Wir biegen nach links, zweigen 20 m wiederum nach links ab, den blau markierten Pfad verlassend, um gleich darauf die Sénancole erneut zu kreuzen.

Links an einer Felsnase vorbei wandern wir in westlicher Richtung in ein Seitental der Sénancole hinein. Bei einem Abzweig nach links gehen wir leicht rechts auf dem Talpfad weiter. Etwa 100 m danach zweigen wir nach rechts auf einen Pfad ab, der mit anfänglich steilem Anstieg aus dem Tal hinausführt. Auf der Höhe gelangen wir zum Bauernhaus **la Débroussède** (2.10 Std.). Wir gehen rechts am Gebäude vorbei, biegen dann nach halbrechts auf einen steinigen, schmalen Fahrweg (Markierung: blauer Balken). Hier beginnt ein Asphaltweg, auf dem wir uns nach rechts abwärts wenden und zum gleich darauf sichtbar werdenden **Kloster Sénanque** (2.30 Std.) hinuntergehen.

Wir verlassen den ummauerten Klosterbezirk durch das obere (linke) Tor. Der Weg steigt in nördliche Richtung an; unterwegs hat man einen schönen Blick zurück auf das zwischen Lavendelfeldern liegende Kloster. Wir gelangen zur D 177, die ansteigend eine scharfe Rechtskurve beschreibt. Wir folgen der Straße etwa 400 m nach links, zweigen dann nach rechts auf einen Weg, der nach 200 m links an einer lang gestreck-

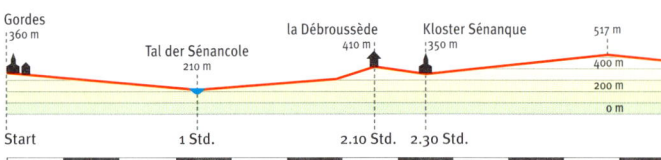

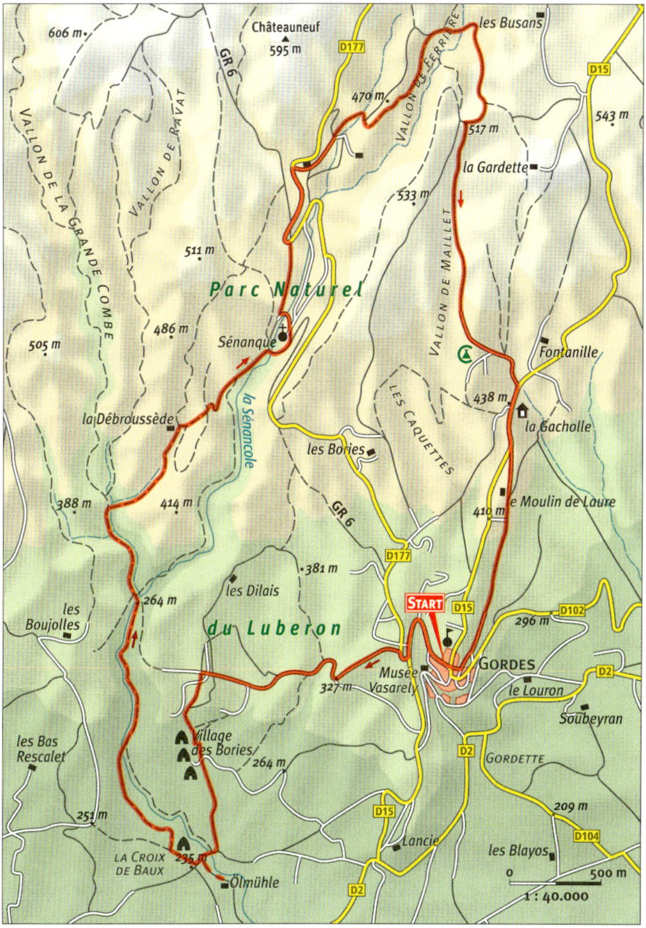

Von Gordes zum Kloster Sénanque

ten Schäferei *(Bergerie)* vorbeiführt. An Feldern und Obstwiesen entlang erreichen wir 5 Min. später eine Wegspinne.

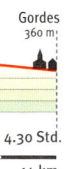

Gordes
360 m

4.30 Std.
14 km

Wir nehmen den Abzweig leicht links, folgen einem etwas ansteigenden Waldweg (Markierung: blauer Balken). Der Weg beschreibt nach einer Senke wieder ansteigend eine Rechts- und dann eine Linkskurve. Auf dem Hauptweg geht es nochmals 10 Min. bergan zu einem Querweg, dann eben nach rechts in weiteren 5 Min. zu einem Tor vor einem Gehöft. Vor diesem wenden wir uns nach rechts auf einen Pfad, der

Von Gordes zum Kloster Sénanque

rechts von einem Lavendelfeld in den meist trockenen Graben des Sénancole-Baches hinabführt. Dieser wird im Rechtsbogen ansteigend wieder verlassen. Der Weg führt durch einsame, typisch provenzalische Garrigue-Landschaft mit großen, glatt geschliffenen Felsblöcken und Steinplatten. Auf der Höhe treffen wir im Pinienwald auf einen Querweg.

Diesem folgen wir 2 Minuten nach rechts, zweigen dann nach links auf einen ebenen Pfad, der rechts oberhalb einer großen Feldfläche verläuft. An deren Ende steigen wir nach links etwas an. Der Weg senkt sich durch lichten Wald zu einem Fahrweg, dem wir zwischen Schichtmauern abwärts folgen. Die Asphaltierung beginnt. Absteigend gelangen wir zur D 15 Gordes–Murs. Auf dieser gehen wir nach rechts, vorbei am Hotel la Gacholle. In der Rechtskurve 200 m danach gehen wir geradeaus auf der schmalen Nebenstraße weiter. Bei einigen Häusern linker Hand zweigen wir leicht nach links auf einen Fahrweg.

Auf aussichtsreichem Weg gelangen wir am Friedhof vorbei in gut 10 Min. zurück nach **Gordes** (4.30 Std.).

Das Kloster Sénanque

Das im 12. Jh. erbaute Kloster geht auf den im Mittelalter einflussreichen Reformorden der Zisterzienser zurück, dessen Ideale Einfachheit und Demut sich auch in der Architektur widerspiegeln. Kein plastischer Dekor oder farbiger Freskenschmuck sollte von der Konzentration auf das Gebet ablenken. Aber gerade diese bewusste Schlichtheit und klare Formensprache machen die Bauten der Zisterzienser so eindrucksvoll. Eines der besten Beispiele hierfür bildet das bei Gordes einsam zwischen Lavendelfeldern gelegene Kloster von Sénanque. Die Klosterkirche sowie Kreuzgang, Dormitorium (Schlafsaal), Chauffoir (Wärmeraum) und Refektorium (Speisesaal) stehen Besuchern täglich von 9-12 und 14-18 Uhr offen.

Kunstvolle Schlichtheit: Kloster Sénanque

Mühlenschlucht

Durch die Gorges de la Veroncle bei Gordes

Die Gorges de la Veroncle ist eines der malerischen kleinen Felstäler, die das Kalkplateau des Vaucluse durchziehen. Im Schluchtgrund trifft man auf die Ruinen von Getreidemühlen, die zwischen dem 16. und 19. Jh. am heute meist trockenen Bachlauf betrieben wurden.

DIE WANDERUNG IN KÜRZE

+++ Anspruch

4.30 Std. Gehzeit

13 km Länge

Charakter: Nicht ganz einfache Wanderung; die untere Veroncle-Schlucht weist schwierigere Abschnitte mit etwas Felskraxelei auf, die sportlichen Wanderern vorbehalten sind; wegen der evtl. erforderlichen Hilfestellung sollte man nicht alleine gehen; nach starken Regenfällen können Wassertümpel die Passage erschweren oder gar ganz unmöglich machen; im Übrigen problemlose Wege

Markierung: Bis auf ein kurzes Wegstück im oberen Schluchtabschnitt gelber Balken, Weg 14 der Luberon-Regionalparkverwaltung

Wanderkarte: IGN TOP 25 3142OT, 1: 25 000

Einkehrmöglichkeit: In Murs das Restaurant Crillon mit Bar

Anfahrt: Mit dem Kfz: Von Cavaillon auf der D 2 nach Nordosten, 20 km; **keine Verbindung mit dem öffentlichen Nahverkehr**

Wir verlassen **Joucas** nach Westen auf der D 102 Richtung Gordes. In der Linkskurve kurz nach dem Ortsende gehen wir geradeaus auf der Rue de la Vignasse weiter (Markierung: gelber Balken), die einige einfallslos gebauten neueren Häuser passiert. In der folgenden Linkskurve des Sträßchens nehmen wir den Fahrweg geradeaus. Wir kreuzen einen breiten Querweg, gehen auch in der darauf folgenden Linkskurve vor einem Grundstück geradeaus auf den abzweigenden schmaleren Weg. Dieser biegt kurz nach Süden und führt wenig später beim Südausgang der Veroncle-Schlucht am restaurierten Anwesen **Grailles-le-Bas** vorbei (1 Std.). Hinter dem Gebäude treffen wir auf einen breiten Fahrweg, den wir gleich nach rechts wieder verlassen, um einem schmaleren Weg parallel zum Bacheinschnitt rechter Hand zu folgen. Der Weg gabelt sich nach etwa 50 m; wir gehen rechts, zum Tal der Veroncle hinab, dann im Bachbett zwischen niedrigen Felsen aufwärts, bis wir nach kurzem Anstieg die erste Mühlenruine erreichen.

Hier beginnt der etwas schwierigere Teil der Schluchtpassage. Mit Hilfe einer Eisenleiter überwinden wir die Felsstufe bei der Ruine, fol-

Durch die Gorges de la Veroncle bei Gordes

hinausführenden Pfadspur. Wir bleiben jedoch auf dem Talpfad geradeaus, der durch dichtes Gebüsch einige Minuten etwas erhöht über dem Bach rechter Hand verläuft und sich dann zum Bachbett senkt; er führt einige Meter über große Felsplatten; wir überqueren den Bach und steigen auf der anderen Seite an. (Hier nicht auf dem einladenden Weg westlich des Baches bleiben; dieser endet bald!). Nach kurzem, steilem Anstieg sowie einem Wegstück auf der Höhe, steigen wir zu einer weiteren Mühlenruine ab. Wir gehen links um die Ruine herum, wenden uns dahinter nach rechts. Das Tal weitet sich. Der Weg führt über eine Wiese zwischen Kalkfelsen, an deren Ende ein Haus auftaucht, die bewohnte, restaurierte **Moulin des Etangs** (2.40 Std.). (Nicht den Weg verlassen, Privatgelände!)

gen dann den blauen und gelben Markierungen im Schluchtgrund. Ein weiterer Felsriegel muß auf steilem Pfad links umgangen werden. Danach ist das Schlimmste geschafft. Bei einem kleinen Wasserfall erreichen wir auf jetzt einfacherem Weg die Ruine der **Mühle Jean de Mare** mit ihren großen zerbrochenen Mühlsteinen.

Wir gehen weiter in dem sich etwas weitenden, felsgesäumten Tal nach Norden. Die gelbe Markierung weist hinter Jean de Mare nach links auf eine westlich aus der Schlucht

Wir halten uns rechts vom Gebäude (Markierung wieder gelber Balken), gehen über einen niedrigen Steindamm, biegen dahinter, vor einer lang gestreckten Wiese nach rechts auf einen ansteigenden Pfad. Er führt zu einem breiteren Weg, dem wir weiter nordöstlich bergan folgen. Auf zuletzt asphaltiertem Fahrweg gelangen wir zum bald sichtbar werdenden hübschen alten Dorf **Murs** (3.10 Std.).

Wir verlassen Murs auf der D 4 Richtung Apt, die beim Ortsausgang, bei einer Betkapelle, eine deutliche Rechtskurve beschreibt. Bei der Ga-

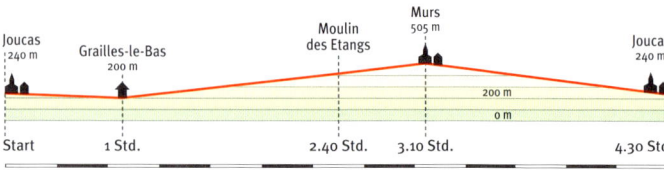

44

In den Gorges de la Veroncle

belung 200 m weiter biegen wir nach rechts und folgen dem Hinweis »Les Chalottes«. Bei einer Kreuzung nach 10 Min. auf der Nebenstraße geht es geradeaus auf einem Fahrweg weiter, links an einer Feriensiedlung vorbei. Wir kommen zum Anwesen la Jaumière, an dem wir rechts vorbeigehen. Nach der folgenden Grundstückszufahrt zweigen wir rechts auf einen Waldpfad ab. Bei einer Gabelung halten wir uns wiederum rechts, kreuzen einen Querpfad und gehen dann in leichtem Linksbogen im Kiefernwald bergab bis zu einem breiten Querweg.

Wenige Meter bevor der Pfad in diesen einmündet, wenden wir uns nach links auf einen abzweigenden schmalen Weg. Dieser senkt sich durch die Garrigue nach Süden. Man blickt weit über die Calavon-Senke zum dunklen Höhenrücken des Luberon. Schließlich erreichen wir auf dem nicht zu verfehlenden Weg das Dorf **Joucas** (4.30 Std.).

Gorges de la Veroncle

In der schwer zugänglichen, felsigen Veroncle-Schlucht wurden bis zum 19. Jh. insgesamt 10 Getreidemühlen mit Hilfe der Wasserkraft betrieben. Die erste Mühle wurde schon Anfang des 16. Jh. gebaut. Ein Erdbeben im Jahre 1887 veränderte die Richtung der Wasserläufe, wodurch die Veroncle trocken fiel. Der Mühlenbetrieb musste eingestellt werden.

An mehreren Stellen der kleinen Schlucht findet man noch verfallene Mühlenbauwerke, Wasserspeicher und Steinrinnen, zerbrochene Mühlsteine, Achsen und Räder. Unterhalb von Murs, bei der restaurierten Moulin des Etangs, sieht man noch das kleine Staubecken, das der gleichmäßigen Wasserversorgung der Mühlen unterhalb diente.

Land der Sonne und des Windes

Über die Karsthöhen bei St-Saturnin-les-Apt

Nördlich der Calavonsenke von Apt verliert sich das fruchtbare Bauernland der Weinberge und Obstbaumwiesen in eine dünn besiedelte, weite Karstlandschaft dunkelgrüner Steineichenwälder und von Sonne und Wind ausgedörrter Garrigue.

DIE WANDERUNG IN KÜRZE

Anspruch: ++

Gehzeit: 5 Std.

Länge: 17 km

Charakter: Abgesehen von der Länge nicht übermäßig anstrengende Wanderung ohne harte Steigungen; Orientierung ab der Baume Roustan wegen vieler Abzweige bzw. nicht immer eindeutiger Markierungen nicht ganz einfach. Die Wanderwege bei St-Saturnin sind von der Gemeindeverwaltung durch grüne Punkte markiert; bei Abzweigen sind Pfeile mit Ziffern angebracht.

Wanderkarte: IGN TOP 3242 OT, 1 : 25 000

Einkehrmöglichkeit: Keine

Anfahrt: Mit dem Kfz: Von Apt auf der D 943 ca. 10 km nach Norden; **kein öffentlicher Nahverkehr**

Wir verlassen das Zentrum von **St-Saturnin-les-Apt** nach Südwesten auf der D943 Richtung Sault. Beim Abzweig der D 2 nach Gordes nehmen wir die Nebenstraße Chemin du Taracan ganz links. Diese kreuzt nach 500 m die D 2 nach rechts und kurz darauf eine Querstraße. Bei der folgenden Gabelung gehen wir rechts (Richtung beibehalten!) und passieren 100 m weiter einen Sportplatz *(Stade)*. Wir wandern am Fuße der Hügel mit Blick in die Ebene der Weinberge, Obstkulturen und alten Gehöfte. Wir bleiben auf dem nach Westen führenden ebenen Hauptweg. Nach etwa 25 Min. endet die Asphaltierung. Nach rechts und links abzweigende Feldwege lassen wir unbeachtet, bis wir bei einem kleinen Kreuz auf einem Steinsockel (**Croix de la Lave**) eine große Wegkreuzung (fünf Wege) erreichen (45 Min.).

Wir nehmen den absteigenden Fahrweg geradeaus, um 20 m weiter nach rechts in nördliche Richtung abzubiegen (Markierung: grüne 12). Der Weg führt in das Engtal Combe

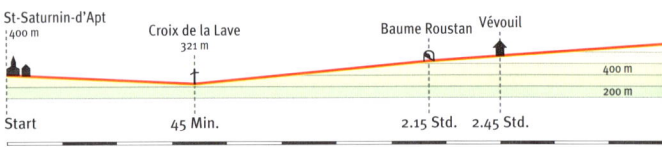

Über die Karsthöhen bei St-Saturnin-les-Apt

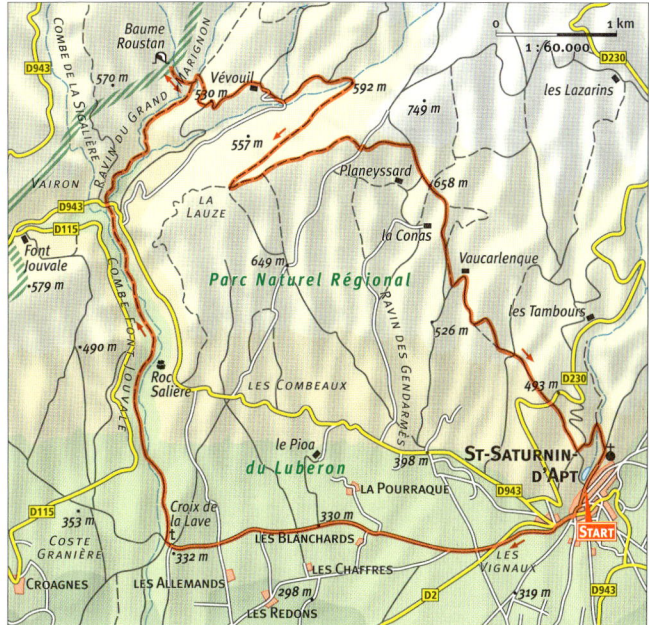

Fontjouvale mit seinen Höhlen und Felsüberhängen, die schon in prähistorischer Zeit als Siedlungsplatz dienten. Rechts oberhalb des Tals erhebt sich der Steilfelsen Roscaliere. Nach etwa 40 Min. auf dem Talpfad wird geradeaus kurz die Schluchtbrücke der D 943 sichtbar. 3 Min. später zweigt nach links ein Pfad ab; wir gehen geradeaus weiter im Talgrund (Markierung: grüne 18). Für knapp 10 Min. ist der Weg recht steinig, verläuft stellenweise in einem Bachbett, das wir dann nach rechts verlassen, um einem Buschwaldpfad unter der hohen Straßenbrücke der D 943 hindurch in den **Ravin du Grand Marignon** hinein zu folgen. Auf schattigem Pfad durchwandern wir das felsgesäumte Engtal (Markierung: grüne 15), bis nach links ein durch gelbe, blaue und grüne Punkte markierter Pfad abzweigt. Dieser führt in etwa 5 Min. zur großen, im Innern mehrstöckigen Höhle **Baume Roustan** hinauf, ebenfalls ein prähistorischer Siedlungsplatz (2.15 Std.).

Von der Höhle gehen wir auf gleichem Weg zurück zum Talgrund und biegen nach links ab. 50 m weiter zweigen wir nach rechts auf einen Pfad ab und steigen in 10 Min. aus dem Tal hinaus (Markierung: grüne 7 in Gegenrichtung). Auf der Höhe halten wir uns links und folgen einem alten Weg in weiteren 10 Min. bis zum alten, zwischen Lavendelfeldern gelegenen Anwesen **Vévouil** (2.45 Std.).

Über die Karsthöhen bei St-Saturnin-les-Apt

Lavendelblüte im Vaucluse – bei St-Saturnin-les-Apt

Von hier nehmen wir den nach rechts (Südosten) absteigenden Fahrweg (Markierung: grüne 6), zweigen 20 m nach den Gebäuden nach rechts auf einen gepflasterten Pfad ab. Wir kreuzen den Fahrweg gleich wieder, gelangen zurück zu diesem und gehen dann nach links zu einer Gabelung bei einer Wasserentnahmestelle (Betonfläche) rechter Hand. Wir wenden uns nach links auf einen ansteigenden Weg, den wir in einer Linkskurve nach etwa 10 Min. verlassen, um einem schmaleren Weg geradeaus zu folgen. Dieser beschreibt nach 5 Min. eine scharfe Rechtskurve, verläuft dann mit weiten Ausblicken über das Tal von Vévouil am Südwesthang eines felsigen Höhenrückens. Auf der Höhe biegt der Pfad scharf nach links.

In der Rechtskurve 30 m weiter zweigen wir nach links auf einen schmaleren Pfad ab. Dieser folgt dem Verlauf der felsigen Höhenkante nach Osten (Markierung: grüne 1). Etwa 10 Min. später wenden wir uns bei einem Steinmännchen einige Meter nach links und wandern auf der unteren Felsstufe am Rande der Steilkante weiter. Der grün markierte Pfad erreicht schließlich eine verwilderte, abschüssige Feldfläche. Wir gehen am oberen Rand des Feldes entlang, bis zu dessen östlichem oberem Ende, wo ein deutlicher Fahr-

Über die Karsthöhen bei St-Saturnin-les-Apt

weg beginnt. Dieser senkt sich nach Süden und trifft nach 100 m auf einen Querweg. Wir folgen diesem 20 m nach links aufwärts, um einem nach rechts abzweigenden schmaleren Fahrweg in östliche Richtung zu folgen (ohne Markierung). Wir wandern ein Stück oberhalb einer Obstbaumwiese vorbei am Anwesen Planeyssard, blicken weit über die Vauclusehänge zum lang gestreckten dunklen Höhenrücken des Luberon.

Beim folgenden Querweg halten wir uns rechts abwärts (Markierung: grüne 1 und 6 in Gegenrichtung) und zweigen 2 Min. darauf in der Rechtskurve nach links auf einen schmaleren Waldweg. Bei der nächsten Gabelung nach dem verdeckten Anwesen Conas rechter Hand – vor einer niedrigen Leitung – halten wir uns erneut links. Wir folgen einem Pfad im Linksbogen in eine Talsenke hinab, wo wir auf einen von links vom Anwesen Vaucarlenque kommenden breiteren Weg treffen, dem wir nach rechts folgen. Wir wandern am Hang mit weiten Ausblicken in die Ebene von Apt, kreuzen die D 230 und erreichen 5 Min. später eine Wegekreuzung. Wir biegen ganz nach links ab, gehen im Rechtsbogen durch ein Tal zur sichtbaren Burgruine von **St-Saturnin.** Über den Burgfelsen, dann nach links durch einen Torbogen abwärts, gelangen wir zur **Kirche** im **Zentrum** (5 Std.).

Farbenspiel des Ockers

Durch den Colorado provençal von Rustrel nach Viens

Als ›Colorado‹ werden die ehemaligen Ockerbrüche von Rustrel manchmal wegen ihrer Farbigkeit bezeichnet. In der Sonne aufleuchtende Erdfarben, von blässlich-grün über warmgelb bis rostrot, kontrastieren mit dem dunklen Grün des Kiefernwaldes.

DIE WANDERUNG IN KÜRZE

Anspruch: ++

Gehzeit: 6.30 Std.

Länge: 20 km

Charakter: Lange, aber ansonsten unschwere Wanderung, die allerdings wegen vieler Abzweige und teilweise fehlender Markierungen etwas Orientierungsvermögen verlangt.

Wanderkarte: IGN TOP 25 OT 3242, 1 : 25 000

Verpflegung: Zwei in der Saison geöffnete Bars beim Ausgangspunkt; im Zentrum von Viens die Bar mit einfachem Restaurant Le petit Jardin sowie ein Lebensmittelladen

Anfahrt: Mit dem Kfz: Von Rustrel auf der D 30 a nach Südosten Richtung Gignac/Banon, unterhalb Rustrel die D 22 kreuzen, auf Nebenstraße 100 m zu einem Parkplatz bei einer Bar vorfahren; wegen der Diebstahlsgefahr nichts im Auto lassen! **Keine Verbindung mit öffentlichen Verkehrsmitteln.**

Vom **Parkplatz an der Bar** folgen wir noch 100 m dem absteigenden Sträßchen bis zur folgenden Rechtskurve, wo wir den geradeaus weiterführenden Weg GR 6 nehmen, der gleich bei einer Furt den Bach Doa kreuzt. (Bei hohem Wasserstand kann man einen Holzsteg 100 m bachabwärts benutzen.) Danach bleiben wir etwa 200 m auf dem leicht ansteigenden breiten Hauptweg. 50 m hinter einer Ruine biegen wir nach rechts in einen etwas schmaleren Weg ein (weißer Pfeil). Auf sandigem Untergrund geht es im Wald parallel zu einem kleinen Bach in ein Tälchen hinein. Gut 5 Min. später ignorieren wir einen ersten Abzweig nach rechts und 30 m weiter einen zweiten scharf nach links, bleiben statt dessen auf dem gera-

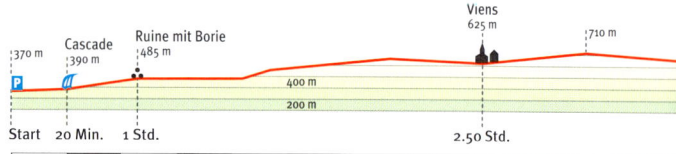

Durch den Colorado provençal von Rustrel nach Viens

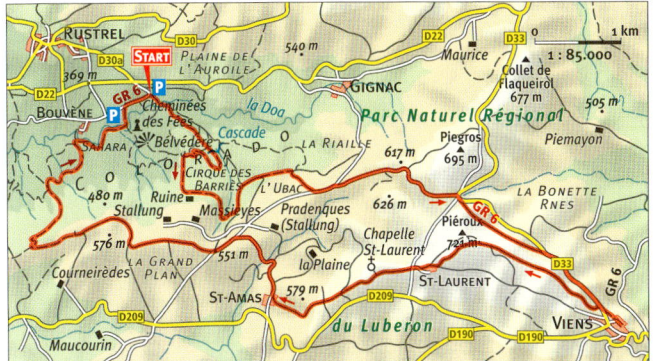

deaus weiter in das Bachtal hineinführenden Pfad (kleine Hinweisschilder »Cirque des Barriès/Cascade«).

Dieser gabelt sich nach weiteren 3 Min.; nach links gelangen wir auf einem kurzen Abstecher in den von farbigen Steilwänden gebildeten Ockerbruch **Cirque des Barriès,** leicht rechts, weiter am Bach entlang, zur **Cascade** (20 Min.), einem kleinen Rieselwasserfall bei dem von einer Felsstufe gebildeten Talschluss. Von hier führt eine ganz nach links ansteigende Spur aus dem Bachtal hinaus (Markierung: blauer Punkt). Sie wendet sich zu einem Einschnitt, vor diesem geht es nach rechts steil bergan. Mit etwas Kraxelei erreichen wir auf der Höhe einen deutlichen Pfad, der geradeaus nach 3 Min. zu einem breiteren Weg führt, der durch grüne Balken markiert ist (30 Min). Wir biegen nach rechts, kreuzen unseren Bach und schlagen dahinter den nach rechts abzweigenden, grün markierten Pfad ein. Dieser verläuft mit schönen Ausblicken hoch am Hang über dem Cirque des Barriès. Danach geht es kurz durch eine sandige Rinne abwärts zu einem Querweg, dem wir 50 m nach rechts folgen. Bei der folgenden Gabelung – beide Abzweige sind grün markiert – halten wir uns links (Hinweis »Sahara«). Nach einem kurzen Anstieg im Rechtsbogen treffen wir auf einen Querweg, an dem die grüne Markierung nach rechts weist; wir folgen jedoch dem Weg nach links, der in südliche Richtung ansteigt (ohne Markierung). Auf steinigem Weg geht es bald steiler bergan. In leichtem Rechtsbogen passieren wir eine Schichtmauer linker Hand, an deren Ende wir scharf nach links auf einen Pfad biegen. Der Weg passiert nach 50 m eine **Hausruine** mit Zypresse und einer Borie (1 Std.).

Hinter dem alten Gemäuer folgen wir einem ebenen Waldpfad nach

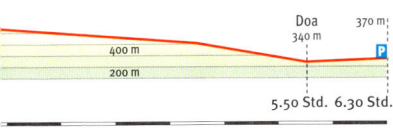

Durch den Colorado provençal von Rustrel nach Viens

Osten, der nach rechts in einen Taleinschnitt führt, wo er bei einem Steinpfosten einen Bach kreuzt. Wir bleiben auf dem ebenen Weg geradeaus (blauer Punkt, blauer Balken), lassen einen nach rechts ansteigenden Weg unbeachtet und erreichen den von der Doa her hochkommenden breiten Weg (1.20 Std.). 50 m nach links treffen wir wieder auf den GR 6, dessen rot-weiße Markierungen wir gut 10 Min. nach Osten folgen. Bei einem beginnenden Teerweg genießen wir einen schönen Ausblick nach Osten auf den alten Weiler Gignac. Wir verlassen hier den GR, der einen unsinnigen Umweg auf Asphalt macht, nehmen statt dessen den nach rechts ansteigenden Waldweg. Er beschreibt gleich einen Linksbogen und steigt zwischen Kiefern recht steil zur Straße Gignac-Caseneuve an, wo wir wieder auf den **GR 6** treffen (1.50 Std.), auf dem wir nun bis Viens bleiben.

Wir folgen der Straße 100 m nach links, nehmen dann den leicht rechts abzweigenden breiten Weg. Auf dem Hauptweg in östliche Richtung, durch Wald und an Obstwiesen vorbei ansteigend, erreichen wir die **D 33 Viens-Rustrel** (2.15 Std.). Wir folgen dieser 100 m geradeaus, biegen dann leicht rechts in einen grasigen Feldweg ein. Auf bequemem, aussichtsreichem Weg geht es zurück zur D33, der wir die letzten 10 Min. bis **Viens** folgen (2.50 Std.). Von einem Aussichtsplatz mit Steinbänken am Ortsrand führt ein Weg geradeaus in den Hof der kleinen Burg von Viens. Die verwinkelten Gassen des alten Dorfes lohnen einen kleinen Rundgang.

Der Rückweg beginnt beim Aussichtsplatz an der D 33 beim Ortseingang. Gegenüber führen einige Treppenstufen rechts an einer Holzpforte vorbei den Hang hinauf (Markierung: gelber Balken). Auf einem alten Pfad geht es am Rand des felsigen Höhenrückens nordwestlich von Viens leicht bergan. Nach Norden bietet sich ein herrlicher Ausblick zur lang gestreckten Bergkette der Montagne de Lure. Davor ist der sich durch die Hügel ziehende Felsriss der kleinen Kalkschlucht von Oppedette auszumachen (siehe Tour 11). Der Pfad mündet schließlich am Ende einer Schichtmauer in einen etwas breiteren Weg (3.20 Std.), dem wir weiter folgen (Richtung beibehalten). Der Blick fällt nun weit nach Süden über einen Wiesenhang zum Luberon. Der gelb markierte Pfad zweigt 2 Min. später nach rechts ab. Wir bleiben jedoch noch etwa 3 Min. auf dem Hauptweg geradeaus (ohne Markierung), zweigen dann, nach einem Wegstück zwischen einigen Kiefern nach links auf eine in südwestliche Richtung absteigende Wegspur. Durch Ginsterbüsche, dann am rechten Rand eines großen Feldes entlang erreichen wir gut 5 Min. später den Weiler **St-Laurent,** den wir nach rechts zu einem beginnenden Asphaltsträßchen durchqueren (3.30 Std.).

Dieses trifft 100 m westlich unterhalb der Häuser auf eine schmale Querstraße. Wir kreuzen diese schräg nach links, um einem abzweigenden Erdweg zu folgen. Dieser verläuft mit weitem Ausblick zum Luberon eben nach Westen. Wo er nach gut 5 Min. eine deutliche Biegung nach rechts auf das restaurierten Gebäude Chapelle St-Laurent zu beschreibt (privat! Grundstück nicht betreten!), nehmen wir den geradeaus abzweigenden Pfad. Durch Ginsterbüsche und Niederwald geht es südwestlich leicht bergab. Ein etwas breiterer Weg wird gekreuzt (Rich-

Colorado provençal »Sahara«

tung beibehalten). 3 Min. später zweigen wir nach rechts auf einen nun etwas steiler absteigenden, steinigen Pfad im Kiefernwald ab, der sich im Linksbogen zu einer Feldfläche vor einer Stromleitung senkt. Wir durchqueren diese auf einer Spur nach rechts zu einem Waldsaum, hinter dem ein Feldweg beginnt. Dieser bringt uns mit weiten Ausblicken in 5 Min. hinab zur Häusergruppe von **St-Amas** (4 Std.).

Wir biegen zwischen den Häusern nach rechts, verlassen auf breitem Weg den Weiler nach Norden (Markierung: orangefarbener Punkt). Wir folgen dem Hauptweg geradeaus, der sich 5 Min nach St-Amas in ein Tal senkt. Hier wenden wir uns nach links auf den breiten Weg (ohne Markierung), der im Rechtsbogen durch einen Bacheinschnitt führt und dann zwischen dunklen Kiefern zur Nebenstraße Caseneuve–Gignac ansteigt.

Auf Asphalt geht es dann 250 m nach links bergan. Gegenüber einem **Haus mit Zypresse** (4.30 Std.) biegen wir nach rechts in einen Feldweg ein (Markierung: gelber Balken). An weiten Getreidefeldern entlang geht es nun am oberen Rand des Colorado fast eben in westliche Richtung. In Blickrichtung erhebt sich auf einem Hügel das burgartige Dorf **Caseneuve**. Da, wo unser Feldweg eine Linkskurve beschreibt (4.45 Std.), wenden wir uns scharf nach rechts auf einen kurz nach Norden absteigenden Weg. Mit der gelben Markierung folgen wir im Linksbogen einem Waldweg, lassen dabei einen durch blaue Balken markierten Abzweig nach rechts unbeachtet. Auch bei dem folgenden Abzweig eines breiteren Weges nach links bleiben wir auf dem Weg geradeaus. Er führt danach rechts an einem lang gestreckten schmalen Feld entlang zu einem Waldsaum vor einer zweiten **Ackerfläche** (5.10 Std.).

Vor dem Wald zweigen wir scharf nach rechts auf einen durch blaue Punkte markierten absteigenden Pfad. Nach 3 Min. erreicht dieser einen Aussichtspunkt mit weitem Ausblick über die Ockerlandschaft des Colorado und biegt hier scharf nach rechts. Der schmale Weg senkt sich danach in leichtem Linksbogen an einigen alten Schichtmauern entlang nach Nordosten und verläuft wenig später über einen mit Kiefern bestandenen Rücken zwischen zwei Ockerbrüchen. Beim rechten Rand des Waldrückens beginnt ein durch gelbe Punkte markierter Pfad, der schöne Ausblicke in den in kräftigem Ockergelb bis Tiefrot leuchtenden großen Ockerbruch von Bouvène eröffnet (Vorsicht am Rande der Abbruchkante!). Wir folgen den gelben Punkten im Rechtsbogen hinab bis an den unteren Rand des zuvor von oben betrachteten **Ockerbruches** (5.30 Std.).

Im Tal halten wir uns links, folgen über einen niedrigen Erdwall hinweg einem Pfad, der rechter Hand an den Steilkanten entlang führt. Bei der folgenden Pfadgabelung am Fuße der Ockerwände weisen Holzschilder und gelbe Markierungen nach Bouvène; kürzer ist der linke Abzweig, schöner der rechte. Letzterer führt noch einige Minuten an den farbigen Erdwänden entlang, dann kurz kräftig ansteigend nach links aus dem Ockerbruch hinaus. Der gelben Markierung folgend, gelangen wir schließlich nach Norden absteigend zum Bach **Doa** (5.50 Std.).

Ein Pfad folgt dem gewundenen Bachlauf nach Osten (ohne Markierung). Bei einem Ziegelhäuschen kreuzen wir einen ersten Seitenbach. 5 Min. danach lohnt ein Abstecher von etwa 10 Min. auf weiß markiertem Weg nach rechts in ein Tal vielfarbiger flacher Ockerhügel, die so genannte ›**Sahara**‹. Vor einer alten, auf Pfeilern verlaufenden steinernen Rinne kreuzen wir einen zweiten Seitenzufluss der Doa. 50 m dahinter führt ein steil nach rechts ansteigender Pfad in 5 Min. hinauf zu den **Cheminées des Fées,** einigen markanten Erdspitzen. Unterhalb dieser leitet ein Holzsteg über die Doa zu einer kleinen Bar. Folgt man dem Uferpfad weiter nach Osten, so erreicht man in 5 Min. den Hinweg bei der Doafurt und kurz darauf den **Ausgangspunkt** (6.30 Std.).

Die Ockerbrüche von Rustrel

Die Ockervorkommen, die bei Rustrel und bei Roussillon abgebaut werden, bestehen aus eisenhaltigen Sanden und Tonerden. Der unterschiedlich hohe Eisenanteil, der der Oxydation ausgesetzt ist, führt zur Entstehung der Farbabstufungen zwischen hellen Gelb- und kräftigen Rottönungen.

Die Menschen der Jungsteinzeit benutzten bereits Ocker als Werkstoff für die Anfertigung ihrer Fels- und Höhlenzeichnungen, und unter den Römern wurde die hier gewonnene Farbe wegen ihrer kräftigen Tönungen im ganzen Reich gehandelt. Der Abbau in großem Stil, der zur Entstehung des heutigen Landschaftsbildes führte, begann um 1780. Ende des 19. Jh. hatte sich die Ockerproduktion zum wichtigsten Industriezweig der Region um Apt entwickelt. Die Farben wurden von hier in die ganze Welt exportiert, Frankreich war der weltweit wichtigste Produzent.

Zur Schlucht von Oppedette

Im Lande Gionos

Zur Schlucht von Oppedette

Am Fuße der Montagne de Lure erstreckt sich eine Landschaft einsamer Lavendelebenen und Eichenwälder mit weltentrückten kleinen Orten. Hier hat der Schriftsteller Jean Giono seine Erzählungen von Naturkräften und elementaren menschlichen Motiven angesiedelt.

DIE WANDERUNG IN KÜRZE

Anspruch: +++

Gehzeit: 3.45 Std.

Länge: 10 km

Charakter: Bis auf eine zu umgehende Schluchtdurchquerung recht einfache Wanderung auf gut zu gehenden Wegen in einer abgelegenen Region; die Durchquerung der Schlucht ist trittsicheren, geübten Wanderern vorbehalten.

Wanderkarte: IGN TOP 25 3242 OT, 1 : 25 000

Einkehrmöglichkeiten: Bescheidenes Dorfgasthaus (Bar) mit Mittagstisch in Oppedette

Anfahrt: Mit dem Kfz: Über Simiane-la-Rotonde, wo man die kleine D 18 Richtung Carniol nimmt. Nach 1,5 km, nach einer scharfen Linkskurve, auf die Nebenstraße D 451 nach rechts abzweigen (Hinweis Camping Valsaintes), 2 km weiter erneut nach rechts biegen (Hinweis »La Roseraie de L´Abbaye«), erreicht man auf einer schmalen Stichstraße die Häusergruppe Boulinette. **Keine Verbindung mit öffentlichen Verkehrsmitteln.**

Etwa 30 m vor den wenigen Häusern von **Boulinette**, bei einem Kreuz auf Steinsockel, zweigen wir nach rechts auf einen anfangs steinigen Weg (GR 6). Er senkt sich nach Südwesten ins Tal des Calavon und tritt in ein Wäldchen. Wo der GR 6 nach links abzweigt, bleiben wir auf dem Pfad geradeaus (blauer Balken). 50 m weiter kreuzt dieser nach links auf einem Steg den **Calavonbach** (10 Min.). Dahinter geht es 50 m nach rechts am Bachufer entlang, dann nach links in einigen Kehren mit kräftigem Anstieg den Hang hinauf. Nach einem Waldstück treffen wir auf einen Querpfad, dem wir nach rechts zwischen Lavendelfeldern weiter ansteigend folgen (GR 4). In Wegrichtung wird das alte Bauerngehöft Chaloux sichtbar, heute eine Gîte d'Étape. Auf der Höhe von **Chaloux** (30 Min.) zweigt der GR 4 nach rechts Richtung Simiane ab.

Wir folgen dem Weg geradeaus (Markierung: gelber Balken). Nach etwa 5 Min. steigt er nach rechts zu einem Querweg im Wald an, wo wir uns nach links wenden. Beim Ende des Anstiegs ignorieren wir einen ersten Abzweig nach links, biegen 50 m danach nach links in einen zweiten Weg. Mit weitem Ausblick nach Süden geht es rechts von einer Wiese bergab. Vor

Zur Schlucht von Oppedette

einem großen Lavendelfeld treffen wir auf einen breiten Querweg; nach Süden begrenzt die Silhouette des Luberon den Horizont. Wir biegen nach links ab auf den stetig nach Südosten absteigenden Hauptweg. Beim alten Bauernhaus **La Grange des Davids** treffen wir auf eine schmale Straße (1 Std.).

Wir folgen ihr 50 m nach links in eine Linkskurve, wo wir einen geradeaus abzweigenden Pfad nehmen (ohne Markierung). Dieser schneidet drei Kurven des Sträßchens ab, dem wir anschließend 5 Min. abwärts folgen. Etwa 100 m hinter einer Linkskurve mit Strommast zweigen wir nach rechts auf einen Weg, der zum **nördlichen Schluchteingang** der Gorges d'Opedette führt. Wir überqueren hier den Calavonbach, passieren ein Gatter und steigen im Rechtsbogen nach **Oppedette** hoch. Vom Café im Dorfzentrum nehmen wir die südlich ansteigende Gasse zum Friedhof (Hinweis »Les Gorges«). Vor diesem wenden wir uns nach rechts, erreichen den Rand der Schlucht von Oppedette, folgen ihm bis zu einem zweiten, durch Metallgeländer gesicherten **Aussichtspunkt** (1.40 Std.).

Von hier können wir auf steilem Pfad in die Schlucht hinabsteigen. Er beginnt einige Meter nördlich des Aussichtspunktes (Markierung: dunkelblauer Balken). (Wem dies als zu schwierig erscheint, der gehe auf dem Hinweg zurück zum nördlichen Schluchteingang unterhalb Oppedette.) In Serpentinen geht es steil bergab, wobei wir über einige durch Geländer gesicherte Felsstufen hinabklettern müssen. Gegenüber einer großen Höhle erreichen wir den Grund der Schlucht und wenden uns nach links. Wir folgen für 15 Min. dem Bachlauf, wobei wir über einige größere Felsblöcke steigen müssen. Auf der Höhe einer Höhle linker Hand biegen wir scharf nach rechts und steigen auf steilem Pfad aus der Schlucht hinaus. Auf einer Eisenleiter geht es durch eine Höhlung im Fels. Dahinter treffen wir auf einen an der Westseite der Schlucht verlaufenden Hangpfad (2.30 Std.). Diesem folgen wir nach rechts zum **nördlichen Schluchteingang** (2.50 Std.).

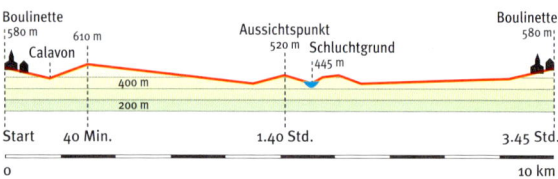

Zur Schlucht von Oppedette

Auf bekanntem Weg steigen wir zu dem von La Grange des Davids kommenden Sträßchen an. Diesmal überqueren wir die Straße und wenden uns 150 m weiter vor einem Gehöft nach rechts zur im Calavontal verlaufenden D 201. Nach gut 15 Min. kreuzt die wenig befahrene, schmale Straße den Calavon. Unmittelbar vor der **Straßenbrücke** zweigen wir nach links auf einen Weg (3.15 Std), der sich zu einem Pfad verengt (GR 4 u. 6). Für gut 10 Min. folgen wir dem im Talgrund zwischen alten Eichen verlaufenden bequemen Pfad. Bei einer Gabelung halten wir uns rechts und folgen dem Hinweis »GR 6 Valsaintes«. Wir kreuzen den Bach und treffen nach kurzem kräftigen Anstieg wieder auf den Hinweg, auf dem wir in wenigen Minuten zurück zum **Ausgangspunkt** gelangen (3.45 Std.).

Der Canyon d'Oppedette

Durch das Vallon de Combrès bei Oppède-le-Vieux

Felsgründe und karge Höhen

Tour 12

Durch das Vallon de Combrès bei Oppède-le-Vieux

Das Vallon du Bausset und Vallon de Combrès sind zwei jener düster-schroffen Felstäler, die den Petit Luberon durchziehen. Darüber erstreckt sich eine offene, windgekämmte Hochfläche, von der sich weite Ausblicke über die südlichen Felsabstürze des Luberon bieten.

DIE WANDERUNG IN KÜRZE

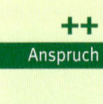

Charakter: Nicht ganz einfache Wanderung mit drei kurzen und einem längeren Anstieg; teilweise steinige Pfade, etwa 3 km auf einer gesperrten Forststraße, z. T. steiler Abstieg über Geröll in das Vallon de Combrès; ein kurzes Wegstück hoch am Hang verlangt Trittsicherheit und Schwindelfreiheit.

++ Anspruch

5 Std. Gehzeit

15 km Länge

Ausrüstung: Festes Schuhwerk ist wegen steiniger Abschnitte, aber auch weil Giftschlangen vorkommen, ratsam.

Wanderkarte: IGN TOP 25 3142 OT, 1 : 25 000

Einkehrmöglichkeiten: Unterwegs keine, Bar und Restaurant in Oppède-le-Vieux

Anfahrt: Mit dem Kfz: Von Cavaillon über Robion/Maubec, 12 km, den Hinweisen nach Oppède-le-Vieux folgen; **keine öffentlichen Verkehrsmittel**

Beim Hauptplatz von **Oppède-le-Vieux** biegen wir vor dem alten Stadttor nach links, gehen auf einer Gasse nach Osten durch den Ort (rot-weiße Markierung, GR 6), durch ein Tor, dann nach rechts auf einem Treppenweg abwärts zu einem Fahrweg. Wir folgen diesem geradeaus (Markierung: gelber Balken), also nicht dem gleich nach rechts den Berg hinaufführenden GR 6. Nach 500 m auf dem Fahrweg, bei einem Hausgrundstück linker Hand, zweigen wir nach rechts ab auf einen ansteigenden Waldweg. Dieser führt kurz in ein Tal. Bei einem Querweg wenden wir uns nach links (östlich) auf einen Pfad, der über einen Sattel hinweg in eine weitere Talsenke hinableitet. Wir halten uns rechts, folgen rechts

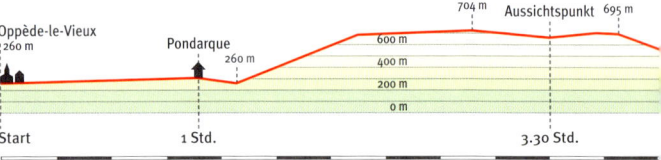

Durch das Vallon de Combrès bei Oppède-le-Vieux

an einem Haus vorbei einem ansteigenden Weg zu einem weiteren Sattel zwischen dem Luberonhauptkamm und einer vorgelagerten Felskuppe. Bei einem schön gelegenen Bauernhaus linker Hand erreichen wir die Höhe. Auf einem Pfad geht es erneut kurz zu Tal. Linker Hand erblickt man die Abraumhalden eines Steinbruchs. Ganz im Talgrund wenden wir uns rechts auf einen Querweg. Dieser führt nach Osten durch eine Waldsenke zu einem weiteren Sattel hinauf, passiert dabei zuletzt einige Hangterrassen und das restaurierte Anwesen **Poudarque** (1 Std.) linker Hand. Wir biegen auf einen vom Anwesen kommenden Fahrweg nach rechts und erreichen kurz darauf den höchsten Punkt. Bei der Gabelung folgen wir dem Weg geradeaus (ohne Markierung), der an einer Feldfläche entlang zu einem breiten Fahrweg absteigt. Wir wenden uns nach rechts (Süden). Der Weg beschreibt nach 200 m eine Haarnadelkurve nach links.

In der Kurve verlassen wir den Fahrweg, um einem schmaleren Weg in das Tal geradeaus zu folgen (Markierung: dunkelblauer Balken). Wir gelangen bald in die einsame, trockene Karstschlucht des Vallon du Bausset mit seinen schroffen Felsformationen. Nach 15 Min. im Tal zweigt nach rechts ein Pfad in das Seitental Vallon de Flamarin ab; wir bleiben auf dem Pfad geradeaus, der

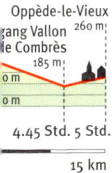

Durch das Vallon de Combrès bei Oppède-le-Vieux

nach Süden kontinuierlich ansteigt. 5 Min. darauf erblicken wir links oberhalb des Weges einen durchlöcherten Felsen. Nach weiteren 15 Min. haben wir das Felstal durchquert, die Landschaft wird allmählich sanfter. Der Pfad wendet sich dann nach rechts in mehr westliche Richtung, um im Buschwald steiler ansteigend aus dem Vallon du Bausset hinauszuführen. Wir erreichen die offene Höhe und 3 Min. darauf die auf dem Kamm des Luberon verlaufende asphaltierte **Forststraße** (2.20 Std.).

Wir biegen nach rechts und folgen für knapp 3 km der durch heideartige Landschaft führenden schmalen Straße, die zum Glück für den allgemeinen Verkehr gesperrt ist. In einem Waldstück mit Zedern kreuzt der rotweiß markierte GR 6 unseren Weg. Nach links lohnt ein Abstecher zu einem schönen **Aussichtspunkt**. Der GR 6 führt durch ein kurzes schattiges Waldstück und tritt dann auf einen offenen Höhenrücken. Von einer Felsbastion an dessen Ende bietet sich ein herrlicher Ausblick auf die einsame Kalksteinlandschaft des Petit Luberon (3.30 Std.).

Haus in Oppède-le-Vieux

Auf gleichem Weg gehen wir zurück zur Forststraße. Dem GR 6 weiter geradeaus folgend, würde man von hier aus auf nicht zu verfehlendem Weg in einer guten Stunde zurück zum Ausgangspunkt gelangen. Schöner, wenn auch etwas anstrengender, ist der weiter westlich durch das Vallon des Combrès verlaufende Weg: Wir folgen nochmal gut 200 m der Forststraße nach Westen. Etwa 30 m vor einer einzelnen Zeder links der Straße und einem Steinmännchen rechter Hand zweigen wir rechts ab auf einen Garriguepfad (3.45 Std., Markierung gelber Balken). Der Pfad verläuft zunächst nur mäßig absteigend über einen Höhenrücken zwischen zwei flachen Tälern. Nach etwa 1 km ab der Forststraße biegt er nach links in mehr westliche Richtung, senkt sich steiler und kreuzt eine Rinne beim **Ausgang des Vallon de Combrès** (4.45 Std.).

Danach folgt ein ausgesetztes Wegstück (Vorsicht!) hoch über dem Tal bis zu einer Gabelung; wir gehen nach rechts abwärts. (Der Pfad geradeaus endet nach 5 Min. vor einer großen Höhle.) Wir gelangen in das Vallon de Combrès mit seinen eindrucksvollen Felsabbrüchen und Höhlungen. Streckenweise geht es über Schotter bzw. im Buschwald recht steil bergab. Im unteren Teil des Felstals erheben sich vornehme Atlaszedern von beträchtlicher Größe. Schließlich verlassen wir die Enge des Tales, gehen unterhalb der Burgruine von Oppède ein Stück geradeaus am Rande eines Feldes entlang und treffen auf den GR 6. Vor einem Sträßchen biegen wir mit dem GR nach rechts und steigen, rechts an einem Bauernhof vorbei, auf schmalem Weg in wenigen Minuten hinauf nach **Oppède-le-Vieux** (5 Std.).

Enge Felsklüfte, weite Garrigue

Durch die Gorges de Régalon bei Mérindol

Die Régalon-Schlucht beeindruckt durch ihre ungewöhnliche Enge mit teilweise nur 1 m auseinander stehenden Steilwänden. Darüber erstreckt sich am Fuße des Petit Luberon weitflächig von Sonne und Mistral ausgedörrte karg-steinige Garrigue.

DIE WANDERUNG IN KÜRZE

++
Anspruch

3.45 Std.
Gehzeit

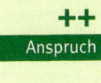

12 km
Länge

Charakter: Durchquerung der Schlucht auf steinigem Weg im Bachbett, wobei einige Felsstufen zu überklettern sind. Nur für geübte Wanderer. Hilfestellung ist hier ratsam – die Steine können feucht und glatt sein. Der Bach führt im unteren Schluchtabschnitt nach starken Regenfällen Wasser, im Regelfall ist er aber trocken. Unter Umständen muss man umkehren. Ansonsten handelt es sich problemlos zu gehende Wege und Pfade.

Wanderkarte: IGN TOP 25 3142 OT, 1 : 25 000

Einkehrmöglichkeit: Keine

Anfahrt: Mit öffentlichen Verkehrsmitteln: Mit dem Bus tägl. auf der Linie Avignon–Cavaillon–Lourmarin–Pertuis; **mit dem Kfz:** Der Ausgangspunkt liegt beim Südausgang der Régalon-Schlucht (Parkplatz). Etwa 4 km westlich von Mérindol zweigt von der breiten D 973 eine zu den Gorges de Régalon ausgeschilderte Nebenstraße ab.

Vom Parkplatz am **Südausgang der Régalon-Schlucht** gehen wir zurück zum Zufahrtssträßchen, folgen diesem nach rechts (westlich) aufwärts. Nach gut 10 Min. auf der Straße biegen wir nach links auf den Fahrweg Chemin de Riouffret (Markierung: blauer Balken). Bei der Gabelung 5 Min. darauf biegen wir nach links und folgen nicht dem Hinweis Richtung Les Mayorques. Der Weg senkt sich kurz zwischen sandig erodierten Hängen in ein Tal, wo er sich gabelt; hier gehen wir rechts. Auf einem Pfad steigen wir im Kiefernwald in westliche Richtung leicht bergan, kreuzen einen breiteren Weg und gelangen wenig später oberhalb des Anwesens la Roquette zu einem Fahrweg. Wir folgen diesem im Rechtsbogen nach Norden in ein Tal. Westlich des Tals erhebt sich eine durchlöcherte Felsspitze mit den wenigen Mauerresten einer mittelalterlichen Burganlage. Der Weg passiert eine Engstelle zwischen Felsen und erreicht kurz darauf eine kleine Wiesenfläche.

Bei der Wiese biegen wir nach rechts, passieren eine Absperrung (Kette) und folgen einem undeutlichen grasigen Weg 50 m in den Wald hinein. Wir halten uns leicht links und finden einen deutlichen Pfad

Durch die Gorges de Régalon bei Mérindol

Abendstimmung im Petit Luberon bei Mérindol

(Markierung: gelber Punkt). Dieser führt mit einigen Kurven im Wald zwischen Felsabbrüchen in östliche Richtung aufwärts. Es folgt ein steiniges Wegstück, dann ein bequemer Weg im Pinienwald bis zu einem Querpfad. Wir biegen nach links ab und steigen auf stellenweise grob gepflastertem Weg in kurzen Serpentinen steil zu einer niedrigen Kuppe an. In 10 Min. gelangen wir von hier durch die Garrigue nach Norden leicht abwärts zum bald sichtbar werdenden, einsam auf einer Hochfläche gelegenen Ruinenanwesen **Les Mayorques** (1.45 Std.).

Wir gehen rechts am Gebäude vorbei, kurz über eine Asphaltfläche aufwärts, dann auf nach Norden kurz ansteigendem breitem Weg (Markierung: blauer Balken). Wir wandern durch eine karge Landschaft mit Blick auf die Kalksteinformationen des Petit Luberon. Bei einer Wasserentnahmestelle (Betonrund) treffen wir auf einen Querweg und biegen nach rechts ab. Der Weg senkt sich im Linksbogen in das Tal

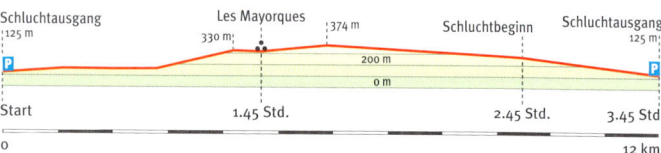

Durch die Gorges de Régalon bei Mérindol

Tour 13

Vallon de la Galère und biegt hier scharf nach rechts in südliche Richtung. Von links mündet gleich der rot-weiß markierte GR 6 ein. Wir folgen dem breiten Weg durch das von hohen Felsen gesäumte Tal abwärts. Kurz bevor der Weg etwas anzusteigen beginnt, zweigt der GR 6 nach rechts auf einen schmaleren Weg ab (Hinweisschild zu den Gorges de Régalon).

Wir könnten dem GR und dem Pfad geradeaus folgen, der auf kürzestem Wege zur Régalon-Schlucht führt. Schöner ist allerdings folgende, um etwa 30 Min. längere Variante: Wir bleiben noch gut 20 Min. auf dem breiten, weiter blau markierten Weg. Dieser beschreibt zweimal hintereinander einen Rechtsbogen durch ein Seitental, biegt dann nach links in mehr nördliche Richtung. In der anschließenden Linkskurve folgen wir einem Pfad über die Böschung geradeaus, einige Meter in eine Senke abwärts, wo wir auf einen Pfad, den GR 6, treffen.

Wir halten uns scharf rechts, folgen den rot-weißen Markierungen des GR in die obere Régalon-Schlucht hinein. Der Pfad verläuft zwischen kleinen Felsen und durch schattigen Niederwald mit Buchsbäumen, die stellenweise einen grünen Pflanzentunnel formen. Nach etwa 20 Min. auf dem Talpfad stoßen wir auf einen Querpfad und halten uns links. (Der GR biegt hier nach rechts.) Wir gelangen bald in die unteren Gorges de Régalon mit ihren eng stehenden Steilwänden. An zwei Stellen müssen wir etwas beschwerlich über eingeklemmte Felsblöcke hinabklettern. Nach ungefähr 20 Min. endet die Schluchtpassage. An einem Olivenhain entlang gelangen wir zurück zum **Ausgangspunkt** (3.45 Std.).

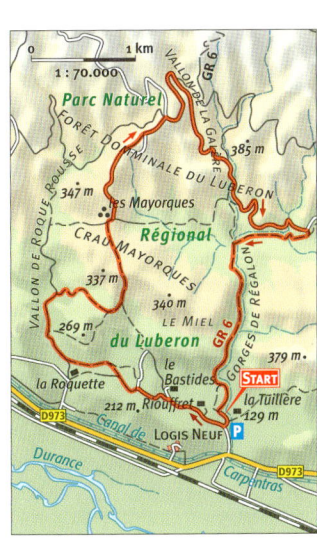

Die Höhen des Petit Luberon

Von Bonnieux nach Lourmarin

Quer über die menschenleeren Höhen des Petit Luberon verläuft dieser lange Weg. Er verbindet die beiden alten Orte Bonnieux und Lourmarin. Von den kargen, fast nordischen Höhen gelangt man zurück in eine Landschaft von warmem, mediterranem Charakter.

DIE WANDERUNG IN KÜRZE

+++ Anspruch

6 Std. Gehzeit

720 m Anstieg

Charakter: Wegen der Länge recht anstrengende Wanderung mit mehreren Anstiegen; z. T. sehr steiniger Untergrund; ein harmlose Felsstufe ist zu überwinden; kurze Wegstücke auf Asphalt; im ersten Teil bis zum Vallon de Sanguinette nicht ganz einfache Orientierung

Wanderkarten: IGN TOP 25 3142 OT und 3243 OT, 1 : 25 000

Einkehrmöglichkeiten: Keine

Anfahrt: Mit dem Kfz: Mit dem Auto von Apt nach Südwesten auf der D3, 12 km. **Mit öffentlichen Verkehrsmitteln:** 2 Busse ab Lourmarin 9.05 und 19.15 Uhr Richtung Bonnieux (Linie Marseille–Aix–Apt); beide Busse verkehren täglich; Bushalt nördlich vom Ortszentrum von Lourmarin, am Boulevard du 8 Mai 1945 gegenüber der Cave Coopérative Viticole. Der Busfahrplan hängt in der Mairie (Bürgermeisteramt) aus (Rue Henri de Savournin 21). **Tipp:** Am besten nimmt man morgens den Bus von Lourmarin nach Bonnieux und wandert zurück; man ist dann zeitlich weniger gebunden.

Bei der Verzweigung der D 3/36 beim Café Clerici im unteren Ortsteil von **Bonnieux** nehmen wir die nach Südwesten absteigende Rue Raspail. Bei der Gabelung nach 30 m gehen wir geradeaus. Der Weg beschreibt einen Linksbogen und trifft auf einen Querweg. Wir halten uns rechts und bei der Gabelung danach links, um einem Fahrweg zu folgen, der einen

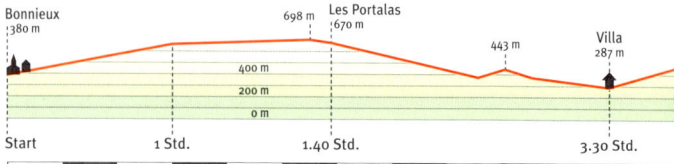

Bach überquert und zur D 3 ansteigt. Wir folgen knapp 100 m der D 3, gehen in der nächsten Rechtskurve geradeaus auf einer Nebenstraße weiter. Bei der Gabelung 200 m weiter (3 Wege) gehen wir wieder geradeaus, links an einer Schichtmauer entlang. Auf dem Fahrweg geradeaus nach Süden, rechter Hand am großen Anwesen l'Amaret vorbei steigen wir bis zu einem neueren Haus rechts des Weges vor einer Linkskurve an. In der Kurve nehmen wir geradeaus den schmaleren Weg. Dieser steigt in südwestliche Richtung an der Flanke des Petit Luberon mit weiten Ausblicken kontinuierlich an. Bei einem Querweg halten wir uns rechts (Richtung beibehalten). Nach weiteren 25 Min. Anstieg erreichen wir schließlich die über den Petit Luberon verlaufende **Forststraße,** der wir nach rechts folgen, bis wir zu einigen Parkplätzen beim Beginn des **Fôret des Cèdres** mit seinen Atlaszedern gelangen. Wir gehen noch ca. 5 Min. auf der jetzt gesperrten Straße weiter, bis nach links ein breiter Waldweg abzweigt. Wir folgen diesem ebenen Weg nach Süden. Bei einer Gabelung nach Verlassen des Waldes gehen wir geradeaus und erreichen den **Aussichtspunkt les Portalas** (1.40 Std.) mit beeindruckender Sicht auf die Felskanten des südlichen Luberon.

Für den Weiterweg gehen wir nach links am Rande des Steilabfalls entlang, dann, noch etwas nach links biegend, auf einem Macchiapfad abwärts zu einem deutlichen Querpfad, einem mit Erläuterungstafeln versehenen Naturlehrpfad der Forstverwaltung. Wir halten uns rechts, steigen in Serpentinen abwärts bis zur Erläuterungstafel Nr. 5. Wiederum geht es nach rechts (östlich) auf einen schmalen Pfad, der in dichtem Buschwald verläuft. Bei einem Querpfad gehen wir wieder rechts (Markierung: blauer Balken). Der Weg führt über eine Felsstufe abwärts, verläuft dann – bequemer werdend – durch das einsame **Vallon de Sanguinette** mit seinen schroffen Kalkfelsen. Wir erreichen einen Fahrweg, dem wir unter Beibehaltung der Richtung folgen (Markierung ab hier: GR 97).

Für ca. 10 Min. bleiben wir auf dem breiten Weg im Tal. In einer Rechtskurve zweigen wir dann nach links ab auf einen Pfad, der über einen niedrigen Höhenrücken führt und im Tal (Combe du Sautadou) auf einen breiten Fahrweg trifft. Wir folgen diesem etwas eintönigen Weg nach Süden, bis wir ein Grundstück **(Villa)** linker Hand erreichen (3.30 Std.). Hier biegen wir nach links auf den schmaleren Weg. Gut 20 Min. später passieren wir eine Wasserentnahmestelle und gehen bei der Gabelung darauf geradeaus. Es folgt jetzt der anstrengende Anstieg zum Cap de Serre. Wir kreuzen einen Querpfad, gehen bei einer Gabelung danach rechts. Nach weiteren 15 Min. auf ansteigendem Pfad erreichen wir **Cap de Serre** (4.30 Std.), eine offene Höhe mit niedriger Vegetation.

Hier wenden wir uns nach links, gehen zunächst in östliche, dann mehr südliche Richtung abwärts. Bei einer Gabelung des Pfades noch auf der Höhe halten wir uns links. Der Pfad senkt sich im Wald, führt dann am Hang entlang mit Blick auf Lour-

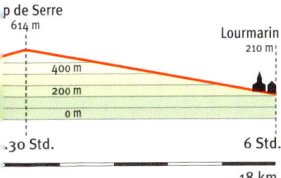

marin; am Wege Rosmarin und Thymian. Bei einem Haus treffen wir auf einen Fahrweg, gehen auf diesem, nach links abbiegend, zu einem Sträßchen, wenden uns erneut nach links. Nach ca. 15 Min. auf Asphalt wird rechts oberhalb das Schloss von Lourmarin sichtbar. Wir zweigen nach rechts ab auf einen Weg, der zu einer Pumpstation führt, kreuzen hier einen Bach und steigen zum Schlossgebäude aufwärts. Von hier sind es nur wenige Minuten zum Ortszentrum von **Lourmarin** (6 Std.).

Bonnieux, Fôret des Cèdres

Die Häuser des verwinkelten alten Ortes **Bonnieux** liegen übereinander gestaffelt am Hang. Überragt wird das Dorf von einem Kirchlein aus dem 12. Jh., das in den schlichten Formen der provenzalischen Romanik errichtet wurde. Vom Kirchplatz, um den sich schöne Zedern gruppieren, bietet sich ein weiter Blick auf Lacoste, das Calavon-Tal und das Plateau de Vaucluse vor der Silhouette des Mont Ventoux.

Der Forêt des Cèdres besteht aus nordafrikanischen Atlaszedern. Die Zeder ist keine ursprünglich in Südfrankreich heimische Pflanze. Sie wurde im 19. Jh. als Zierbaum für Parks und Gärten eingeführt, gedieh jedoch in den tieferen Lagen nicht besonders gut. 1860 erfolgte die erste Anpflanzung auf den Kalkböden des Petit Luberon. Ein für die Wiederaufforstung zuständiger Forstrat hatte gelesen, dass schon die Römer in der Provence Zedern als Nutzholz kultiviert hatten. Der Versuch auf den Höhen des Luberon war wider Erwarten erfolgreich. Heute bedeckt Zedernwald auf einer Fläche von 250 ha den Höhenzug. Die Qualität der

Luberon-Zedern gilt inzwischen als so gut, dass Setzlinge zur Verbesserung der Bestände in andere Regionen exportiert werden.

Die Zeder entwickelt im Alter von 60–80 Jahren ihre schön gegliederte Form. Der durch die ausladenden Kronen der älteren Bäume sehr schattige Zedernwald mindert die Verdunstung und läßt infolge der Lichtarmut kaum Unterholz entstehen. In der Folge wird die Garrigue verdrängt.

Von Bonnieux nach Lourmarin

Lourmarin

Das knapp 1000 Einwohner zählende Dorf mit schönem alten Ortskern besitzt ein gut erhaltenes Renaissanceschloss. Dieses besteht aus zwei Bauteilen: dem zwischen 1495 und 1525 errichteten Château Vieux und dem Château Neuf, dessen Bau 1540 begonnen wurde. 1920 erwarb ein Industrieller aus Lyon die verfallene Anlage, ließ sie restaurieren und vermachte sie testamentarisch der Akademie der Künste und Wissenschaften in Aix. Ein Teil des Schlosses kann besichtigt werden. Die restaurierten Wohnräume sind mit alten provenzalischen Möbeln, Fayencen, Stichen und Gemälden ausgestattet. In Lourmarin verbrachte der Schriftsteller und Philosoph Albert Camus seine letzten Lebensjahre. Camus, der 1957 den Nobelpreis für Literatur erhalten hatte, starb 1960 bei einem Autounfall. Er ist auf dem Friedhof von Lourmarin begraben.

Zum Oppidum von Buoux

Durch den Grand Luberon von Apt nach Lourmarin

Die lange Wanderung erschließt die ganze landschaftliche Vielfalt des Grand Luberon: Maultierpfade im Eichenwald, stolze Anwesen und von der Vegetation überwucherte Ruinen, die grüne Schlucht der Aiguebrun, unter senkrechten Felsen die Häuser von Seguin.

DIE WANDERUNG IN KÜRZE

+++
Anspruch

6 Std.
Gehzeit

700 m
Anstieg

Charakter: Recht lange, ansonsten aber problemlose Wanderung mit zwei längeren Anstiegen; überwiegend auf schmalen Wegen; am Anfang und am Ende jeweils eine halbe Stunde auf Nebenstraßen ohne Verkehr

Wanderkarten: IGN TOP 25 3242 OT und 3243 OT, 1:25000

Einkehrmöglichkeiten: In Seguin die empfehlenswerte ›Auberge de Seguin‹ mit Restaurant und Buvette

Anfahrt: Am besten von Lourmarin den **Bus** nach Apt nehmen (täglich 9.05 und 19.15 Uhr) und zurückwandern, man ist dann zeitlich weniger gebunden. Bushalt nördlich vom Ortszentrum von Lourmarin, am Boulevard du 8 Mai 1945 gegenüber der Cave Coopérative Viticole. Der Busfahrplan hängt in der Mairie, Rue Henri de Savournin 21 aus.

Wir verlassen **Apt** auf der D114 Richtung Sivergues. Bei einer Kreuzung nach einer Linkskurve – noch im Ort – biegen wir nach rechts in die Rue des Bassins ein. Bei der Straßengabelung darauf nehmen wir links den Chemin St-Vincent (Markierung: blauer Balken). Wir kreuzen ansteigend ein Quersträßchen und zweigen 50 m weiter nach rechts auf einen Pfad, der bald zurück zur Straße führt; ihr folgen wir weiter aufwärts. Wir bleiben auf dem Sträßchen, das dann ein Stück eben verläuft.

In einer deutlichen Linkskurve nehmen wir einen nach rechts aufwärts führenden breiten Fahrweg. Dieser beschreibt erst eine Links-, dann eine

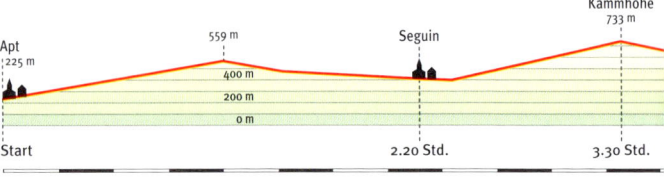

Durch den Grand Luberon von Apt nach Lourmarin

Rechtskurve, in der wir einen nach links abzweigenden Pfad einschlagen. Wir folgen einem alten Maultierweg im Eichenwald aufwärts. Nachdem wir einen Querpfad gekreuzt haben, gehen wir bei einer Gabelung 5 Min. später links (Markierung: blauer Punkt). Der Pfad verläuft eben am Hang mit Blick auf das sich hinter einen Felsen duckende Saignon, senkt sich etwas und führt zu einem hohlen Felsblock, der **Les Druides** (1 Std) genannt wird.

Hier steigen wir nach rechts über einige Steinstufen und gehen auf einem Pfad im Wald aufwärts (Markierung: gelber Balken). Wir erreichen einen Fahrweg, gehen auf diesem geradeaus zur D 232, kreuzen die Straße (1.15 Std.). Wir folgen einem undeutlichen Weg (ohne Markierung) geradeaus an einer Baumreihe entlang, bis wir nach gut 500 m auf einen Querweg bei einer Gabelung (drei Wege) treffen. Wir nehmen den mittleren Weg, der sofort endet; rechts, auf der anderen Seite der Senke, erblicken wir das Anwesen Salen. Wir gehen am rechten Rand einer Feldfläche weiter, steigen dann über Hangstufen auf einem undeutlichen Pfad zum Tal der Aiguebrun ab. Unterhalb des Anwesens **Salen** wenden wir uns nach rechts, halten uns bei einem Querpfad kurz darauf links und gehen ganz zum **Talgrund** hinab (1.40 Std.).

Hier wenden wir uns nach rechts, überqueren die Aiguebrun, deren

Markt in Apt

Lauf wir jetzt nach Westen folgen (Markierung: dunkelblauer Balken). Bei zwei Abzweigen nach links gehen wir geradeaus und bleiben im Tal. Auf beiden Seiten des Baches verlaufen Pfade. Wir halten uns auf dem – in Fließrichtung gesehen – linken Ufer. Der Pfad verläuft durch dichtes Gebüsch unter steilen Felsen. Schließlich erreichen wir eine Brücke, auf der wir die Aiguebrun nach rechts kreuzen. Danach halten wir uns links und gelangen 50 m weiter zu den wenigen Häusern von **Seguin** (2.20 Std.).

Beim Restaurant nehmen wir einen Pfad geradeaus, der an Pferdeställen vorbeiführt. Für ca. 10 Min. folgen wir dem Lauf der Aiguebrun, mit leichtem Auf und Ab unter einer hohen, senkrechten Felswand, bis linker Hand kurz nacheinander zwei Stege über den Bach leiten. Wir nehmen den zweiten Steg, steigen kurz auf steilem Pfad aus dem Tal hinaus und treffen westlich der Häuser-

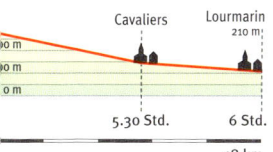

Durch den Grand Luberon von Apt nach Lourmarin

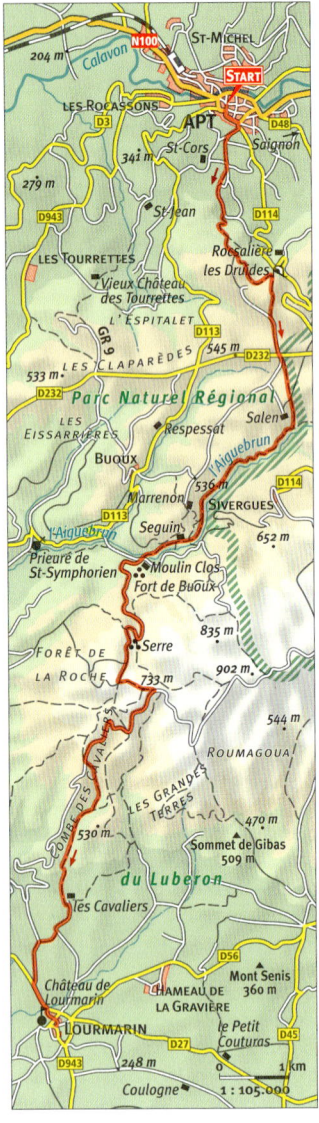

Linksbogen unterhalb einer mächtigen überhängenden Felswand beschreibt (Markierung: gelber Balken). Bei der folgenden Gabelung biegt unser Hauptweg nach rechts; nach links führt ein insgesamt etwa halbstündiger **Abstecher** zum **Fort de Buoux,** dessen Ruinen sich bis zur Spitze eines Felsrückens hinaufziehen.

Der Hauptweg verläuft in Kurven ansteigend, dann weniger steil in einer langgestreckten Talsenke. Ca. 20 Min. nach der überhängenden Felswand zweigen wir nach rechts auf einen Pfad (Abzweig leicht zu übersehen). Wir steigen aus dem Tal hinaus und gelangen zu der Ruine eines Hauses (Serre). Bei einer Gabelung gehen wir links und steigen dann nach Süden steiler an, bis wir die offene **Höhe** erreicht haben (weiter Blick vom Mont Ventoux bis zu den Alpilles; 3.30 Std.).

Wir wenden uns nach links, gehen auf der Höhe in östlicher Richtung (ohne Markierung; man kann auch weiter dem markierten Weg folgen, der aber teilweise sehr unbequem ist). Wir gelangen zu einem breiten Fahrweg und halten uns rechts. Bei einer Wasserentnahmestelle, etwa 25 Min. später (hier ein Stück Asphalt), zweigen wir nach links abwärts auf einen Pfad (hellblaue Markierung beginnt wieder). Bei einem Querweg im Tal (Combe des Cavaliers) wenden wir uns nach rechts. Wir folgen dem Talweg für ca. 30 Min. bis zum Anwesen **Cavaliers** (5.30 Std.).

Wir gehen rechts um die Häuser herum, treffen auf ein Sträßchen, dem wir geradeaus folgen. Nach der erten Linkskurve zweigen wir nach rechts ab in einen Feldweg. Beim asphaltierten Querweg darauf gehen wir links, gelangen zur D 943 und auf dieser in gut 5 Min. nach **Lourmarin** (6 Std.).

gruppe **Moulin Clos** auf die Zufahrtsstraße nach Seguin. Wir kreuzen diese und folgen dem abzweigenden zum Fort de Buoux ausgeschilderten Fahrweg, der bald einen

Grünes Tal unter hellem Fels

Rundweg im Tal der Aiguebrun

Im meist trocken-kargen Luberon ist die Schlucht der Aiguebrun eine Besonderheit: ein frisches, von hellen Kalkwänden gesäumtes Bachtal mit dichter Vegetation und saftigen Wiesen. Die Wanderung führt rund um dieses Felstal und verbindet Buoux mit Sivergues.

DIE WANDERUNG IN KÜRZE

Anspruch: ++

Gehzeit: 4.30 Std.

Länge: 16 km

Charakter: Recht einfache Wanderung auf überwiegend schmalen Wegen

Wanderkarten: IGN TOP 25 3242 OT und 3243 OT, 1 : 25 000

Einkehrmöglichkeiten: In Seguin die empfehlenswerte Auberge de Seguin mit Restaurant und Buvette (Imbiss)

Anfahrt: Mit dem Kfz: Von Apt nach Süden auf der schmalen, nach Buoux ausgeschilderten D 113 (9 km); **keine öffentlichen Verkehrsmittel**

Bei der kleinen **Mairie von Buoux** nehmen wir das von der D 113 abzweigende Sträßchen, das in westliche Richtung denn Hang hinaufführt (GR 9). Nach einer Spitzkehre erreichen wir auf der Höhe beim Ende des Asphalts den Friedhof von Buoux. Vor der **Friedhofskirche**, einem schlicht-romanischen kleinen Bau des 11. Jh., zweigen wir nach links auf einen Pfad (Markierung: gelber Balken), der sich durch Wald nordwestlich in ein Tal senkt. Beim **Château de Buoux,** einem nicht allgemein zugänglichen Herrensitz des 17. Jh., treffen wir auf einen breiten Weg, dem wir westlich 3 Min. bis zu einem Sträßchen folgen. Auf diesem wandern wir talabwärts in Richtung Aiguebrun. Nach etwa 1,5 km trifft unser Sträßchen auf die schmale D 113 (45 Min.).

Wir folgen ihr 50 m nach rechts (ohne Markierung) und biegen nach links in einen absteigenden Fahrweg. Er führt gleich am Tor zur ehemaligen romanischen **Abtei St-Symphorien** vorbei, von der nur noch der Turm aus dem 12. Jh. original aufrecht steht (Privatbesitz!). Der Fahrweg führt in 5 Min. zu einem Tor, vor dem wir nach links auf einen blau markierten Pfad abzweigen. Auf einer Holzbrücke überqueren wir 100 m weiter die Aiguebrun, folgen auf der anderen Bachseite dem Pfad aufwärts zu einem breiteren Weg. Auf diesem geht es nach rechts weitere 100 m bergan, dann scharf nach links auf einen abzweigenden schmaleren Weg (1 Std., Markierung: blaue Kreuze). Dieser angenehme, weitgehend ebene Wanderpfad verläuft in östliche Richtung

Rundweg im Tal der Aiguebrun

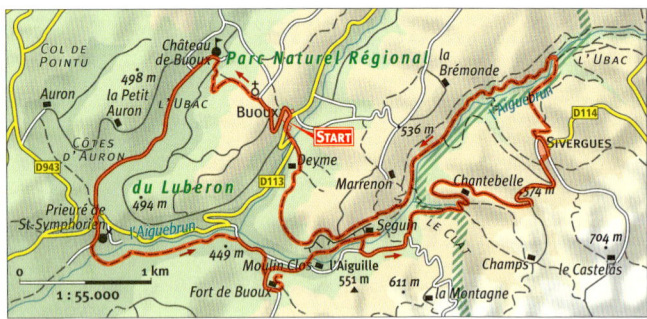

über dem Tal der Aiguebrun. Auf der gegenüberliegenden Talseite ist der Turm von St-Symphorien nun gut zu sehen. Weiter östlich ragen steile Kletterwände auf.

Nach einem schattigen Wegstück im Wald treffen wir bei einer Brücke auf die schmale Stichstraße nach Seguin (1.15 Std.). Wir folgen ihr 200 m geradeaus, wenden uns nach rechts auf eine kleine Parkfläche, bei deren Ende ein gelb markierter Pfad beginnt. Er steigt im Wald zu einem breiteren Weg an. Auf diesem nach rechts unterqueren wir gleich eine mächtige überhängende Felswand. Bei der folgenden Gabelung führt ein kurzer Abstecher nach links zum Felsen mit den Ruinen des **Fort de Buoux** (1.40 Std.).

Auf dem breiten Weg, den wir gekommen sind, wandern wir zurück ins Tal der Aiguebrun. Wir bleiben auf dem Hauptweg, der zurück zum Talsträßchen führt, auf dem es nach rechts in 10 Min. zu den wenigen, unter steilen Felsen gebauten Häusern von **Seguin** (2 Std.) geht, heute eine rustikale Auberge mit gutem Landrestaurant. Vor der Aiguebrunbrücke unterhalb der Gebäude zweigen wir nach rechts auf einen etwas ansteigenden Weg ab (Markierung: gelber Balken). Von links trifft der GR 9 auf den Weg; in der folgenden Rechtskurve gehen wir geradeaus auf dem schmaleren Weg weiter. Auf ansteigendem Pfad erreichen wir das hoch über dem Tal der Aiguebrun gelegene alte Anwesen **Chantebelle** (2.30 Std.), wo man hervorragenden Ziegenkäse kaufen kann.

Der Pfad führt von hier ein Stück in Richtung auf das Tal der Aiguebrun, beschreibt eine Rechtskurve und gabelt sich; wir nehmen den rechten ebenen Weg. Bei einer erneuten Gabelung halten wir uns rechts aufwärts, erreichen einen breiten Fahrweg und gehen auf diesem, die Richtung beibehaltend, nach **Sivergues** (3 Std.).

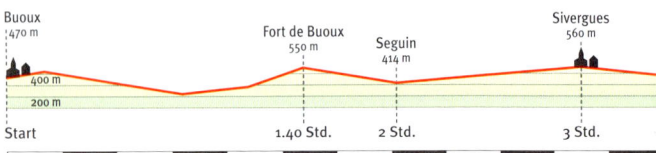

Hinter dem Dorfkirchlein treffen wir auf die D 114. Bei Beginn der Straße biegen wir links in einen breiten Fahrweg, der nach 100 m eine scharfe Linkskurve beschreibt, in der wir nach rechts auf einen schmaleren Weg ins Tal der Aiguebrun abzweigen.

Im **Talgrund** (3.20 Std.) wenden wir uns nach links und folgen dem Lauf der Aiguebrun nach Westen (ohne klare Markierung). Der Pfad verläuft durch ein grünes, von hellen Kalkfelsen gesäumtes idyllisches Tal. Auf beiden Seiten des Baches verlaufen Wege. Bei einer Wiesenfläche unter Felsen wechseln wir auf die rechte Seite (in Wegrichtung gesehen). Etwa 20 Min. später steigt der Weg etwas an und trifft auf einen gepflasterten Maultierpfad, den **GR 9** (4 Std.).

Nach rechts geht es in etwa 5 Min. auf dem uralten Weg zum Rand eines kleinen Plateaus hinauf. Unterhalb des sich verschanzenden Anwesens Marrenon, wenden wir uns auf eine Pfadspur nach links, die zum oberen Rand der steilen Felswände von Seguin führt (Markierung: blauer Punkt).

Von einem Aussichtsplatz eröffnet sich ein herrliches Panorama über das Aiguebruntal zum Fort du Buoux (Vorsicht! Die Felsen fallen ungesichert senkrecht ab!). Der markierte Pfad führt danach im Rechtsbogen nach Norden schwenkend an Lavendelfeldern entlang zur Häusergruppe von Deyme. Auf dem wegführenden Teerweg gelangen wir zur D 113, kreuzen einen Bach, schneiden auf einem Erdweg nach rechts eine Straßenkurve ab und gelangen zurück nach **Buoux** (4.30 Std.).

Buoux, Sivergues und das Tal der Aiguebrun

Buoux hat 70 Einwohner. Die Dorfkapelle neueren Datums besitzt einen Altar aus frühchristlicher Zeit (5. Jh.). Das in einem Seitental der Aiguebrun 2 km nordwestlich des Ortes gelegene Château de Buoux stammt aus dem 13. Jh., wurde aber im 18. Jh. im Renaissancestil umgebaut. Das Schloss befindet sich in Privatbesitz und kann nicht besichtigt werden.

Sivergues (35 Einwohner): Der ›am Ende der Welt‹ gelegene Weiler war Zufluchtsort für Waldenser und Protestanten. Etwas außerhalb des Ortes, an der D 114, findet man noch die evangelische Kirche. Das Dorf ist durch Henri Boscos Roman »L'habitat de Sivergues« in die französische Literatur eingegangen.

Das wasserreiche **Tal der Aiguebrun** (Aiguebrun = gutes, braunes Wasser) mit seinen schützenden Felswänden muss schon die Menschen der steinzeitlichen Jägerkulturen angezogen haben. In den Höhlen und Felsüberhängen längs des Baches hat man mehrere Grabstellen gefunden, die aus der Zeit des Cromagnonmenschen stammen.

Die Aiguebrun ist der einzige Wasserlauf des Luberon, der, zumindest in seinem unteren Teil, ganzjährig Wasser führt. Die Artenvielfalt der Pflanzenwelt ist für die-

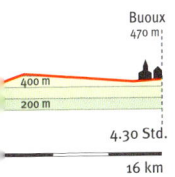

Rundweg im Tal der Aiguebrun

se trockene Region ungewöhnlich, das Gebiet längs des Bachlaufes von besonderer ökologischer Bedeutung. Bei den Wanderungen, die das Tal berühren, sollte man deshalb unbedingt auf den Wegen bleiben und insbesondere die Wiesenflächen nicht als Rast- oder gar Spielplatz benutzen.

Buoux im Grand Luberon

Maultierpfade im Eichenwald

Von Saignon nach Sivergues

Südlich von Saignon erstreckt sich eine abwechslungsreiche Landschaft lichter Eichenwälder, kleiner Wiesentäler und Lavendelebenen mit urtümlichen Bories. Hier verlaufen alte, einst überwucherte Maultierpfade, die von François und Claude Morenas von der Jugendherberge in Regain in jahrzehntelanger Arbeit wieder freigelegt wurden.

DIE WANDERUNG IN KÜRZE

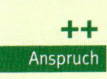
Anspruch

5.30 Std.
Gehzeit

19 km
Länge

Charakter: Abgesehen von der Länge unschwere Wanderung mit diversen An- und Abstiegen; wegen der vielen Abzweige und wechselnder Markierungen nicht ganz einfache Orientierung

Wanderkarten: IGN TOP 25 3242 OT und 3243 OT, 1 : 25 000

Einkehrmöglichkeiten: Bar/Restaurant in Saignon; unterwegs keine

Anfahrt: Mit dem Kfz: Von Apt nach Südosten auf der D 48, 4km; **keine Verbindungen mit öffentlichen Verkehrsmitteln**

Wir gehen durch **Saignon** zum südlichen Ortsende und nehmen den bei der Post beginnenden ansteigenden Weg, der nach links biegend die D 48 (Saignon–Auribeau) erreicht. Wir wenden uns nach links, bleiben ca. 300 m auf der Straße und zweigen dann nach links auf einen Fahrweg (zweiter Abzweig), der eine Leitung unterquert und nach Südosten ansteigt (Markierung: blauer Balken). Bei einer Gabelung nehmen wir den linken, deutlicheren Weg, der sich alsbald senkt. Rechts oberhalb befindet sich eine Borie; wir zweigen nach rechts auf einen Pfad, der unmittelbar links an der Borie vorbeiführt. Dahinter gehen wir ein Stück an geschichteten Steinmauern entlang und treffen auf einen Querweg, auf den wir nach links einbiegen. Der alte Maultierweg verengt sich zu einem Pfad, tritt in einen Eichenwald und führt an geschichteten Mauern entlang. Bei einer Gabelung am Ende des Eichenwaldes (beide Pfade blau markiert) halten wir uns links und folgen einem schönen Pfad am Hang mit weitem Blick nach Osten. Am Ende einer Obstbaumpflanzung gelangen wir zu einer Wegkreuzung, biegen nach rechts aufwärts (ohne Markierung) und erreichen die D 48 (Saignon–Auribeau). Wir halten uns rechts (1 Std.) und zweigen nach gut 5 Min. auf Asphalt in einer Rechtskurve der Straße auf einen geradeaus führenden Weg (Markierung: gelber Punkt). Der alte Römerweg, von dem noch Karrenspuren im Stein zeugen, passiert eine Borie links im Feld und erreicht bei einem Holzkreuz eine **Wegkreuzung**

Von Saignon nach Sivergues

(1.20 Std.; halblinks in 100 m Entfernung die **Jugendherberge Regain**).

Wir biegen im rechten Winkel nach links, folgen dem rot-weiß markierten Weg (GR 92) nach Süden. Der GR senkt sich bald nach links in ein Tal, steigt dann nach rechts biegend wieder an. Auf dann ebenem Pfad treffen wir auf einen Fahrweg (linker Hand befindet sich das Anwesen **Plan Neuf**). Wir gehen rechts und zweigen 30 m weiter nach links auf einen schmaleren Weg, der sich bald verengt. Der Pfad senkt sich nach links in ein Tal, das wir im Rechtsbogen durchqueren. Wir erreichen das etwas verdeckte Anwesen Fenouillet und biegen vor diesem nach links. Der GR steigt nach Süden im Wald an. Bei der Gabelung 50 m nach Verlassen des Waldes halten wir uns rechts und treffen wenige Meter weiter auf einen breiteren Querweg.

Wir verlassen den rot-weiß markierten GR, nehmen den schmalen Pfad geradeaus (Markierung: blauer Balken). Dieser führt für etwa 3 Min. recht steil durch die Garrigue bergab, wendet sich dann nach links in einen lichten Eichenwald und beginnt nach etwa 10 Min. etwas anzusteigen. Schließlich erblickt man geradeaus ein Anwesen, das laut Karte den schönen Namen **Paris** trägt. Hier biegen wir vom Hauptpfad nach links ab. 10 m weiter wenden wir uns nochmals nach links, um weiter der blauen Markierung zu folgen. Der Pfad beschreibt im Wald ansteigend einen Rechtsbogen um Paris und trifft schließlich auf einen Fahrweg. Wir folgen diesem 100 m nach rechts, nehmen in der folgenden Rechtskurve einen geradeaus führenden Graspfad. Bei der Pfadgabelung 100 m weiter zweigen wir nach links (Markierung: gelber Punkt). Der Pfad senkt sich in ein einsames, von hohen Felsen begrenztes Tal. Im Talgrund biegen wir scharf nach rechts auf den im Felstal **Défilé du Rocher** verlaufenden Weg. Nach einer Engstelle gabelt sich dieser (3 Std.; beide Abzweige sind jeweils durch einen gelben Punkt markiert). Wir nehmen den linken Weg, der ein Stück oberhalb einer großen Wiese verläuft, halten uns auch bei der folgenden Gabelung links und folgen einem nach Westen ansteigenden Pfad. Nach einem Schotterfeld linker Hand zweigen wir nach rechts, gehen kurz zu einer Wiese abwärts, halten uns an deren linken Rand und gelangen zu einem breiteren Weg. Diesem folgen wir im Rechtsbogen aufwärts bis zu einem breiten Fahrweg. Wir biegen nach links (ohne Markierung) und gelangen gleich zum oberhalb einer großen Wiese gelegenen alten Anwesen **Castelas** (3.20 Std.).

Wir verlassen beim Anwesen Castelas den breiten Weg Richtung Sivergues. (Folgt man diesem noch 5 Min. nach links, so gelangt man bei der Felsbresche Pas d'Ensarri zu einem schönen Aussichtspunkt.) Am linken Rand der Wiese absteigend gelangen wir zu einem Weg und auf diesem zu einer weiteren Wiese unter-

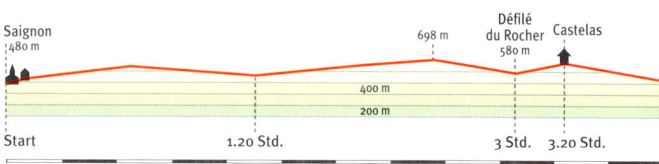

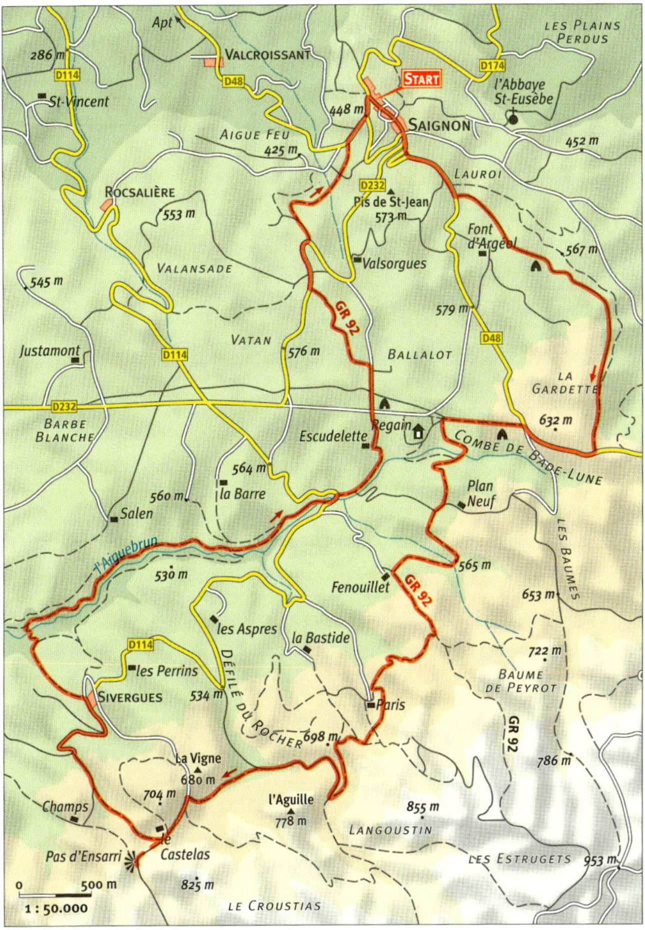

Von Saignon nach Sivergues

halb des Bauernhofes Champs. Am rechten Rand der Wiese entlang treffen wir auf einen von Champs kommenden Weg und gelangen auf diesem geradeaus zu einem Fahrweg. Wir biegen nach rechts und erreichen gut 5 Min. später das kleine Dorf **Sivergues.** Wo nach rechts ein Pflasterweg in den Ort hochführt, zweigen wir nach links auf einen absteigenden schmalen Weg (ohne Markierung; blau umrandetes Hinweisschild Seguin, Buoux, Aiguebrun). Dieser führt an Schichtmauern entlang im Rechtsbogen ins grüne Tal der Aiguebrun hinab. Bei einer Gabelung nach

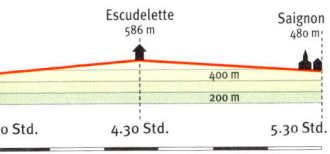

Von Saignon nach Sivergues

Abendstimmung in Saignon

einer scharfen Linkskurve biegen wir nach rechts. Wir folgen jetzt dem Lauf der Aiguebrun bachaufwärts nach Osten, bleiben bei diversen Abzweigen stur im Talgrund (Markierung: blaues Kreuz). Der Pfad trifft auf die D 114, der wir nach links folgen. Wir kreuzen die Aiguebrun, biegen in der folgenden Linkskurve nach rechts in einen Fahrweg. Ca. 50 m weiter nach links zweigt ein Pfad ab (Markierung: gelber Punkt). Dieser führt uns im Linksbogen aus dem Tal hinaus zum Bauerngehöft **Escudelette** (4.30 Std.). Kurz vor Erreichen des Gebäudes biegen wir scharf nach rechts, treten durch einen Buschsaum und gelangen auf einem Fahrweg zu einer Nebenstraße bei einer Kreuzung (nach rechts erreicht man in 5 Min. die Jugendherberge Regain).

Wir nehmen die Straße geradeaus, folgen jetzt (bis Saignon) der rot-weißen Markierung des GR 92. Nach gut 5 Min. auf Asphalt zweigen wir nach links auf einen Pfad ab. Der GR führt 50 m über eine Wiese, wendet sich dann nach rechts durch einen Buschsaum zu einer Feldfläche. Wir halten uns an deren linken Rand, gelangen zu einem beginnenden Fahrweg, dem wir, Richtung beibehaltend, folgen. Der Weg mündet bald in einen anderen ein. Wir gehen geradeaus und treffen auf die D 232. Wir folgen der Straße ca. 5 Min. nach rechts. In einer scharfen Rechtskurve biegen wir nach links in einen Fahrweg. Bei der folgenden Gabelung gehen wir nach rechts und kurz darauf wieder rechts auf den absteigenden Weg, der sich wenig später in östliche Richtung wendet. Von einigen Felsblöcken linker Hand bietet sich ein schöner Blick auf Saignon. Der Pfad senkt sich zu einem Sträßchen, auf dem wir in gut 10 Min. **Saignon** erreichen (5.30 Std.).

Saignon

Die Häuser des mittelalterlichen Dorfes ducken sich hinter einen großen Felsen, auf dem noch Reste einer Burganlage zu finden sind. An gleicher Stelle stand schon ein kelto-ligurisches Oppidum. Ein Pfad führt zu den Ruinen hoch, von denen sich ein schöner Anblick auf die Dächer von Saignon bietet. Das Ortszentrum bildet der idyllische Dorfplatz mit Brunnenanlage und Waschhaus. Die sehenswerte romanische Kirche im oberen Ortsteil wurde im 16. und 17. Jh. mehrfach umgebaut.

Im Herzen der Provence

Mehrtageswanderung von Fontaine-de-Vaucluse nach Lourmarin

Diese sechstägige Wanderung führt durch eindrucksvolle, typische Provence-Landschaften: durch die einsamen, wasserarmen Regionen des Buschwaldes und der Kalkschluchten, durch fruchtbare Gegenden mit Weinbergen, Mandel- und Kirschbäumen, über windzerzauste, der Sonne ausgesetzte Hochebenen mit Lavendel- und Kornfeldern. Auch Dörfer und Kleinstädte passiert der Weg – darunter berühmte wie den Petrarca-Ort Fontaine-de-Vaucluse und das Künstlerdorf Gordes, aber auch unbekanntere Schönheiten wie die kleinen Orte Murs und Lourmarin. Manche von ihnen passen sich in eine schroffe Felszenerie ein, andere liegen inmitten ausgedehnter, fruchtbarer Felder und Obstbaumkulturen. Obwohl einige Orte aus dem Pflichtprogramm der Provence-Reisenden berührt werden, bewegt man sich fast immer in einsamer, oft menschenleerer Landschaft.

Charakter: Die Orientierung dürfte keine größeren Schwierigkeiten bereiten. Viele der vorgeschlagenen Wegstrecken sind markiert. Allerdings folgt man nur auf kleinen Teilstücken dem Fernwanderweg GR 6, der teilweise die gleichen Orte berührt wie der hier vorgeschlagene Weg. Zu viele Wegstücke dieses vor über 30 Jahren geschaffenen Weges sind mittlerweile asphaltiert.

Wanderkarten: Didier et Richard: ›Itinéraires pédestres et équestres‹, Nr. 13 u. 14 (›Du Mont Ventoux à la Montagne de Lure‹ bzw. ›Du Luberon à la Sainte Victoire‹); Genauer sind die IGN TOP 25 Karten im Maßstab 1 : 25 000, von denen drei Blätter gebraucht werden, um die gesamte Strecke abzudecken: Blatt 3142 OT (Cavaillon), Blatt 3242 OT (Apt), Blatt 3243 OT (Pertuis, Lourmarin)

Anfahrt: Nach Fontaine-de-Vaucluse: **Busse** der Voyages Arnaud (Tel. 04 90 28 15 58) ab Avignon Busbahnhof (aus dem SNCF-Bahnhof 100 m nach rechts gehen) werktags: 10.45, 16.30 Uhr (Sonn- und Feiertage: 10, 14.15, 16.30 Uhr); Fahrzeit ca. 1 Std. Der Bus fährt über die hübsche Kleinstadt L'Isle-sur-la-Sorgue, ca. 7 km von Fontaine-de-Vaucluse entfernt. Zwischen Avignon und L'Isle-sur-la-Sorgue bestehen recht häufige Verbindungen (werktags 8 Busse und 10 Züge). Am Abend vor Beginn der Wanderung könnte man somit auch in L'Isle-sur-la-Sorgue übernachten (größere Hotelauswahl), dann am nächsten Morgen mit dem Bus (7.10, 11.25 Uhr) oder Taxi (Tel. 04 90 38 11 00, Fahrpreis ca. 14,– DM) nach Fontaine-de-Vaucluse fahren.

Rückfahrt von Lourmarin: Zweimal täglich **Busse** nach Cavaillon/Avignon um 8 und 17.30 Uhr; zweimal täglich nach Aix/Marseille um 7.30 und 17.45 Uhr; zweimal täglich nach Apt um 9.05 und 19.15 Uhr (alle Busse nicht am 1.1., 1.5., 24.12.). Die Busse Richtung Aix/Marseille und Apt halten

Mehrtageswanderung von Fontaine-de-Vaucluse nach Lourmarin

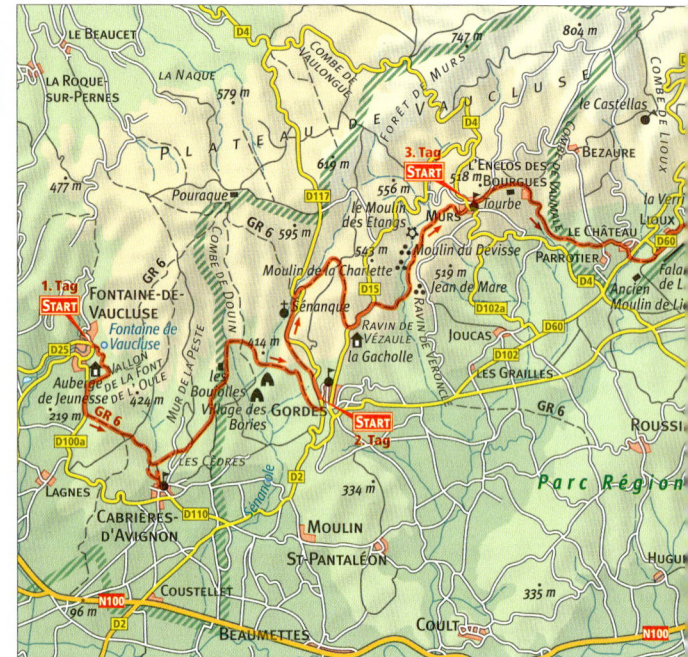

nördlich vom Zentrum, am Boulevard du 8 Mai 1945, gegenüber der Cave Coopérative Viticole. Die Busse Richtung Cavaillon/Avignon halten südlich des Zentrums an der Straße nach Lauris. Die Busfahrpläne hängen in der Mairie (Bürgermeisteramt) aus (Rue Henri de Savournin 21).

Unterkunft: 84800 Fontaine-de-Vaucluse:
Hôtel du Parc**, Les Bourgades, Tel. 04 90 20 31 57;
Hôtel des Sources**, Route de Cavaillon, Tel. 04 90 20 31 84;
Hôtel la Font de Lauro, Plan de Saumane, Tel. 04 90 20 31 49;
Jugendherberge 1 km südl. des Ortes an der D 100 a, Chemin de la Vignasse, Tel. 04 90 20 31 65;
Camping Les Prés,
Tel. 04 90 20 32 38
84220 Cabrières-d'Avignon:
Chambre d'hôte, R. u. J. Truc, Route des Imberts, Tel. 04 90 76 97 03
84220 Gordes:
Die Hotels sind dem Charakter des Ortes entsprechend recht teuer. Relativ preiswert ist die Hôstellerie Provençale am Schlossplatz;
La Gacholle***, Route de Murs, 1,5 km außerhalb Richtung Murs, Tel. 04 90 72 01 36;
La Mayanelle***, Rue de la Combe, Tel. 04 90 72 00 28;
Le Gordos***, Route de Cavaillon, Tel. 04 90 72 00 75, 1,5 km außerhalb Richtung Cavaillon;
Le Renaissance**, beim Schloss, Tel. 04 90 72 02 02
Le Provençal, Place du Château, Tel. 04 90 72 01 07 oder 04 90 72 03 95;

Mehrtageswanderung von Fontaine-de-Vaucluse nach Lourmarin

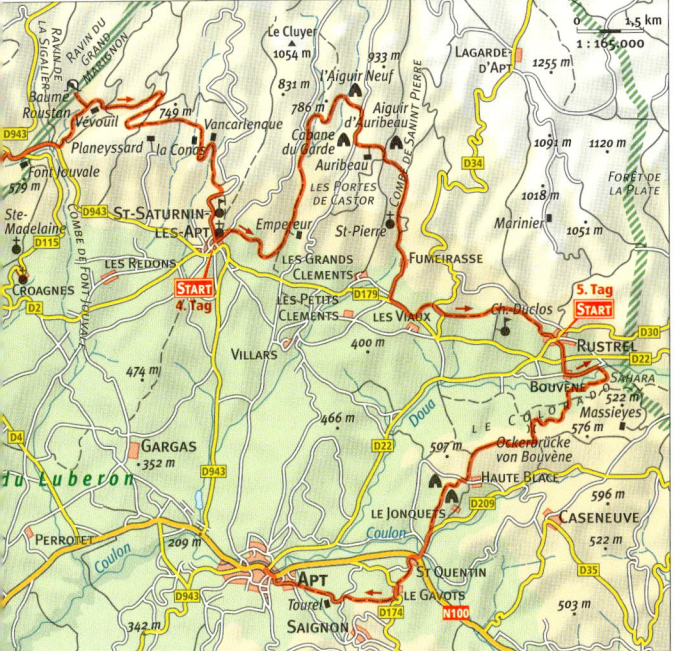

Camping des Sources, 2 km Richtung Murs, Tel. 04 90 72 12 48
84220 Murs:
Le Crillon, Tel. 04 90 72 02 03
84 220 Lioux:
Auberge de Lioux** an der D 60a bei la Combe, nettes neues Haus auf dem Lande mit Pool, Tel. 04 90 05 77 52
84490 St-Saturnin-les-Apt: Hôtel des Voyageurs*, Tel. 04 90 75 42 08; St-Hubert, Tel. 04 90 75 42 02
84400 Rustrel:
Auberge du Rustreou**, 3, Place de la Fête,
Tel. 04 90 74 24 12;
Gîte d'Etape du Château,
Tel. 04 90 04 93 99;
Camping Le Colorado,
Tel. 04 90 74 00 95, 2 km südwestlich des Ortes, am westlichen Ende des Colorado

84400 Apt
L'Aptois**, Cours Lauze de Perret 289, Tel. 04 90 74 02 02
Du Palais**, Place Gabriel Péri 12, Tel. 04 90 04 89 32
Camping du Luberon,
Route de Saignon,
Tel. 04 90 74 23 93
84480 Seguin:
Auberge des Seguins**,
sehr schöne Lage,
Tel. 04 90 74 16 37,
eine Gîte d'Etape ist angeschlossen (Schlafsaal)
84160 Lourmarin:
Hostellerie Lou Paradou*, an der D 943 Richtung Apt, 1 km außerhalb von Lourmarin, Tel. 04 90 68 04 05;
Gîte d'Etape du Four à Chaux,
Tel. 04 90 68 11 10

Etappen

Ich schlage vor, die Wanderung in sechs Tagesabschnitten zurückzulegen. Die Variationsmöglichkeiten sind auf Grund des knappen Unterkunftsangebots sehr begrenzt, sofern man nicht mit dem Zelt unterwegs ist.

1. **Tag:** Fontaine-de-Vaucluse – Gordes (4.30 Std.)
2. **Tag:** Gordes – Murs (4.30 Std.)
3. **Tag:** Murs – St-Saturnin-les-Apt (6.30 Std.)
4. **Tag:** St-Saturnin-les-Apt – Rustrel (6 Std.)
5. **Tag:** Rustrel – Apt (4 Std.)
6. **Tag:** Apt – Lourmarin (6 Std.)

Variationsmöglichkeiten: Der lange 3. Tag kann mit einer Übernachtung in Lioux auf eine sehr kurze und eine zweite mittellange Etappe aufgeteilt werden.

Der ebenfalls lange 6. Tag kann mit einer Übernachtung im herrlich gelegenen Seguin auf zwei kürzere Etappen verteilt werden.

Es besteht die Möglichkeit, eine siebte Etappe anzuschließen, indem man mit dem Bus morgens von Lourmarin nach Bonnieux fährt und dann auf Tour 14 zurückwandert.

1. Tag

Von Fontaine-de-Vaucluse nach Gordes

Der erste Wandertag führt in die unverwechselbare provenzalische Landschaft der Kalkfelsen und kleinen Schluchten, der Buschwaldvegetation mit ihren Kräuterdüften. Man durchquert zwei Schluchten, wandert durch die herbe Schönheit der Garrigue, genießt weite Blicke ins Tal von Apt und zum Luberon-Gebirge. Zielort ist das herrlich gelegene Künstlerdorf Gordes, einer der schönsten Orte der Provence.

Dauer: 4.30 Std.

Anstieg: 500 m

Charakter: Nicht sehr schwierige Etappe ohne lange harte Anstiege; nicht ganz einfache Orientierung

Einkehrmöglichkeiten: Restaurant (gehobene Preisklasse) und Bar in Cabrières d'Avignon

Bei der Place de la Colonne (Platz mit Säule) im Zentrum von **Fontaine-de-Vaucluse** kreuzen wir die Sorgue auf der Straßenbrücke. In der folgenden Rechtskurve der Straße nach 50 m geht es geradeaus, rechts am Petrarca-Museum vorbei, die Treppen der ›Montée du Château‹ hinauf. Auf einem nach rechts beginnenden Pfad ansteigend passieren wir eine Ruine und gelangen dahinter über einige Stufen nach links hinauf zur **Burgruine von Fontaine-de-Vaucluse.**

Wir gehen rechts an den Mauern vorbei und folgen dahinter dem im Rechtsbogen zum Waldrand aufwärts führendem Weg. Nach einem ebenen Wegstück senkt sich dieser zu einem Querweg im Tal. Nach links öffnet sich mit steilen Felsabbrüchen das **Vallon de la Font de l'Oule.** Wir wenden uns jedoch nach rechts zur D 100a (30 Min.) und folgen dem Sträßchen einen guten halben Kilometer nach Süden, zweigen dann nach links auf einen Weg, der anfänglich links von einem meist trockenen Bachgraben verläuft

Mehrtageswanderung von Fontaine-de-Vaucluse nach Lourmarin: 1. Tag

Pétanquespieler in Cabrières d'Avignon

(GR 6). Für eine gute halbe Stunde geht es in einer felsigen Talsenke in südöstliche Richtung bergan. Bei einer Pfadgabelung im oberen Teil des felsigen Tals wenden wir uns nach rechts und gelangen bald auf eine **offene Höhe** (1.20 Std.); nördlich zieht sich eine Mauer durch karges Land, die **Pestmauer** von 1720.

Bei einer **Wasserentnahmestelle** (Betonfläche) kreuzen wir einen Querweg (der GR biegt nach rechts, wir folgen aber jetzt dem Chemin des Fileuses, Markierung: gelber Balken). Der Pfad führt über einen Garrigue-Hang, verbreitert sich und biegt nach Süden. Nach links zweigt ein Pfad ab; hier kann man einen Abstecher nach Cabrières machen:

Abstecher: Richtung **Cabrières** folgt man dem Hauptweg, biegt oberhalb des Ortes nach links auf einen Feldweg und wenig später auf ein Sträßchen nach rechts. Am Schloss vorbei geht man zum **Ortszentrum** (Geschäft, Restaurant). Man verlässt Cabrières auf dem Sträßchen, auf dem man gekommen ist, erreicht auf diesem nach ca. 10 Min. den gelb markierten Weg, der von links auf das Sträßchen trifft.

Will man nicht über Cabrières gehen, biegt man nach links (weiter gelbe Markierung) und erreicht ca. 5 Min. später ein von Cabrières kommendes Sträßchen.

Nach einem kurzen Anstieg auf dem Sträßchen folgen wir rechts einem Fahrweg zwischen Grundstücken, der zu einem weiteren Sträßchen führt. Wir biegen nach links, um vor einer Mauer gleich nach rechts auf einen Pfad abzuzweigen. Bei einer Gabelung im Zedernwald links gehen. Wir gelangen zu einem **Sträßchen** (2.10 Std. einschließlich Umweg über Cabrières), gehen links aufwärts und bei der Ga-

Mehrtageswanderung von Fontaine-de-Vaucluse nach Lourmarin: 1. Tag

belebung gleich darauf nach rechts. Gordes wird kurz sichtbar; bei einem Leitungsmast zweigen wir auf einen nach rechts absteigenden Weg. Wir gehen durch eine Senke, kreuzen einen Querweg und treffen auf ein Sträßchen, das wir kreuzen; geradeaus geht es auf dem Fahrweg weiter. 400 m nach dem Sträßchen biegen wir unmittelbar vor den Betonmasten zweier Transformatoren in einen nach links ansteigenden bewachsenen **Fahrweg** (2.30 Std., ohne Markierung). Der Weg führt in etwa 50 m Entfernung links von einer Stromleitung aufwärts. Bei einer Kreuzung gehen wir geradeaus. Danach unterqueren wir die Stromleitung, erreichen bei einem renovierten Haus einen Querweg, auf den wir nach links einbiegen.

Bei der Kreuzung 100 m weiter geht es geradeaus; wenige Minuten später verlassen wir in einer Linkskurve den Hauptweg nach rechts. Nach weiteren 150 m biegen wir in einen leicht zu übersehenden, zwischen zwei Steinplatten nach rechts abzweigenden Weg (2.45 Std.). Beim folgenden Querweg halten wir uns rechts (Schilder: »Les Boujolles«, »Voie sans Issue«).

Wir passieren zwei Anwesen hinter hohen Schichtmauern und biegen dahinter nach links. Der Weg verengt sich und verläuft in nördlicher Richtung hoch über dem **Tal der Sénancole**. Wir steigen bald in die völlig einsame, felsige Schlucht hinab. Im Talgrund treffen wir auf einen Querpfad (3.15 Std.) und gehen rechts. Wir folgen dem Weg im Tal nach Osten, passieren bald eine Felsnase links oberhalb des Weges. Bei der Pfadgabelung darauf geht es links; wir kreuzen das Bett der **Sénancole** und treffen auf einen durch blaue Punkte markierten Querpfad.

Wir biegen nach rechts und steigen auf dem markierten Pfad im Linksbogen wieder aus dem Tal hinaus. Auf der Höhe mündet der Weg in einen Fahrweg, dem wir geradeaus folgen. Der Weg verläuft – streckenweise asphaltiert – zwischen Grundstücken mit Bories in den Vorgärten und trifft kurz vor Gordes auf die **D 15** (4.20 Std.). Wir überqueren die Straße und wenden uns nach links auf einen Asphaltweg, der durch eine Senke zum **Ort** führt (4.30 Std.).

Mur de la Peste

Die Pestmauer, die man vor Cabrières passiert, wurde 1720 auf Anordnung des päpstlichen Legaten errichtet, um die Enklave des Kirchenstaates, das Comtat Venaissin, vor der sich ausbreitenden Pest zu schützen. Diese war mit der Ladung eines aus Syrien kommenden Handelsschiffes nach Marseille eingeschleppt worden und hatte dort binnen kürzester Zeit die Hälfte der ca. 90 000 Einwohner dahingerafft. Die Besitzgier der Marseiller Kaufleute verursachte die Ausbreitung der letzten großen Pestepidemie der Provence: Auf ihr Betreiben hin wurde die Ladung des verseuchten Schiffes zum Verkauf freigegeben, obwohl der Kapitän Pestfälle gemeldet hatte.

Die Pestmauer zog sich mit einer Länge von ca. 100 km quer über das Plateau de Vaucluse hin. Sie war Tag und Nacht von Soldaten bewacht, die jeden am Überschreiten der Mauer hinderten. Aber auch diese Barriere erfüllte nicht ihren Zweck; als sie endlich fertiggestellt war, hatte die Epidemie ihren Weg schon längst in das Comtat Venaissin gefunden.

2. Tag

Von Gordes nach Murs

Von Gordes wandert man zunächst zur Zisterzienserabtei Sénanque, einem der schönsten Kirchenbauten der Provence. Von hier gelangt man bald wieder in die steinige Garrigue mit ihren duftenden Wildkräutern. Die romantische kleine Veroncle-Schlucht mit ihren verfallenen Mühlen bildet den Abschluss der Etappe, die im ruhigen, alten Dorf Murs endet.

Dauer: 4.30 Std.

Anstieg: 500 m

Charakter: Mittelschwere Wanderung auf stellenweise steinigen Pfaden

Einkehrmöglichkeiten: keine

Wir verlassen **Gordes** Richtung Cavaillon auf der D 15, die beim Verlassen des Ortes eine scharfe Linkskurve beschreibt. Ungefähr 50 m nach dieser Kurve zweigen wir nach rechts in einen zwischen Häusern ansteigenden Weg, der 100 m weiter auf die D 177 Gordes–Sénanque trifft (rot-weiße Markierung, GR 6). Wir folgen der Straße etwa 250 m nach rechts, um dann links in einen asphaltierten Fahrweg zu zweigen. In der nun folgenden Linkskurve verlassen wir das Sträßchen nach rechts, um einem in niedrigem Wald ansteigenden Weg zu folgen. Auf der Höhe treffen wir wieder auf die D 177. Wir biegen nach links, bleiben 50 m auf der Straße, nehmen dann den nach links absteigenden Weg. Auf steinigem Pfad gehen wir zur bald sichtbar werdenden **Klosterkirche von Sénanque** abwärts (1 Std.).

Wir verlassen den ummauerten Klosterbezirk durch das obere (linke) Tor. Der Weg steigt in nördliche Richtung an; zurück bietet sich ein schöner Blick auf das zwischen Lavendelfeldern liegende Kloster. Wir gelangen zur D 177, die ansteigend eine scharfe Rechtskurve beschreibt. Wir folgen der Straße etwa 400 m nach links, zweigen dann nach rechts auf einen Weg, der nach 200 m links an einem langgestreckten Schäferei (Bergerie) vorbeiführt. An Feldern und Obstwiesen entlang erreichen wir 5 Min. später eine **Wegspinne** (1.15 Std.).

Wir nehmen den Abzweig leicht links, folgen einem leicht ansteigenden Waldweg (Markierung: blauer Balken). Der Weg beschreibt nach einer Senke wieder ansteigend eine Rechts- und dann eine Linkskurve. Auf dem Hauptweg geht es nochmals 10 Min. bergan zu einem Querweg, dann eben nach rechts in weiteren 5 Min. zu einem Tor vor einem Gehöft. Vor diesem wenden wir uns nach rechts auf einen Pfad, der rechts von einem Lavendelfeld in den meist trockenen Graben des Sénancole-Baches hinabführt. Dieser wird im Rechtsbogen ansteigend wieder verlassen. Der Weg führt durch einsame, typisch provenzalische Garrigue-Landschaft mit großen, glatt geschliffenen Felsblöcken und Steinplatten. Auf der Höhe treffen wir im Pinienwald auf einen **Querweg** (2 Std.).

Diesem folgen wir für 2 Min. nach rechts, zweigen dann nach links auf einen ebenen Pfad, der rechts oberhalb einer großen Feldfläche verläuft. An deren Ende steigen wir nach links etwas an. Der Weg senkt sich durch lichten Wald zu einem Fahrweg, dem wir zwischen Schicht-

Mehrtageswanderung von Fontaine-de-Vaucluse nach Lourmarin: 2. Tag

mauern abwärts folgen. Die Asphaltierung beginnt. Absteigend gelangen wir zur **D 15 Gordes–Murs** (2.30 Std.). Wir biegen nach links, folgen der D 15 etwa 800 m Richtung Murs. Etwa 30 m vor einer Linkskurve, oberhalb eines kleinen Häuschens rechter Hand, biegen wir in einen nach rechts abwärts führenden Weg (Markierung: dunkelblauer Balken).

Der Weg beschreibt eine Rechtskurve. 50 m danach schlagen wir einen schmalen, nach links abzweigenden Pfad ein, der zunächst im Bogen um einen Taleinschnitt herumführt, dann an der linken Seite des Tales entlangläuft und schließlich die **Gorges de la Veroncle** erreicht; hier bietet sich ein sehr schöner Blick in die Tiefe der Schlucht mit ihren interessanten Felsformationen. Der Weg senkt sich zur Schlucht und erreicht – fast auf dem Talgrund – eine Ruine unterhalb eines Felsblocks; es folgt ein kurzes Stück steilen, steinigen Abstiegs bis zu einem Pfad im **Schluchtgrund** (3.10 Std.).

Wir biegen hier nach links, der hellblauen Markierung folgend. (Lohnender **Abstecher:** Man wendet sich nach rechts und bei einer Gabelung darauf nach links und gelangt bald zur Mühlenruine **Jean de Marre,** unter hohen Felsen bei einem kleinen Wasserfall gelegen.) Wir gehen weiter im sich etwas weitenden, felsgesäumten Tal nach Norden. Der markierte Pfad verläuft dann durch dichtes Gebüsch links oberhalb des Baches, senkt sich dann zum Bachbett hinab; wir gehen

Blick auf Murs

einige Meter über große Felsplatten, überqueren dann den Fluss und steigen auf der anderen Seite an. (Hier nicht auf dem einladenden Weg westlich des Baches bleiben; der endet bald.) Nach kurzem steilen Anstieg und einem Wegstück auf der Höhe über dem Tal, steigen wir zu einer weiteren **Mühlenruine** (3.40 Std.) ab. Wir gehen links um die Ruine herum, wenden uns dahinter nach rechts. Das Tal weitet sich. Der Weg führt über eine Wiese zwischen Kalkfelsen, an deren Ende ein Haus auftaucht, die bewohnte, restaurierte **Moulin des Etangs** (4 Std.). (Nicht den Weg verlassen, Privatgelände!) Wir halten uns rechts vom Gebäude, gehen über einen niedrigen **Steindamm,** der im 16. Jh. für ein Wasserrückhaltebecken errichtet wurde. Anschließend überqueren wir eine große Wiese, wobei wir uns an deren rechten Rand halten, bis wir auf einen breiteren Weg stoßen, dem wir bergan folgen. Auf zuletzt asphaltiertem Fahrweg gelangen wir zum bald sichtbar werdenden hübschen alten Dorf **Murs** (4.30 Std.).

3. Tag

Von Murs nach St-Saturnin-les-Apt

Zwei Gesichter der Provence zeigen sich an diesem Wandertag. Vom steinigen Hochland des Buschwaldes, der Kräuter, der kleinen Schluchten und Kalkfelsen gelangen wir in die fruchtbare Ebene der Obstbäume und Weinberge. Nach dem winzigen Lioux, das sich unter einer mächtigen Steilwand duckt, kommen wir bald wieder in die Landschaft der trockenen Felstäler und kargen Garriguehöhen.

Dauer: 6.30 Std.

Anstieg: 550 m

Charakter: Wegen der Länge anstrengende Etappe; im letzten Drittel nicht ganz einfache Orientierung

Einkehrmöglichkeiten: Bar in der Auberge de Lioux bei la Combe an der D 60a

Wir verlassen **Murs** auf der D 15 Richtung Sault. Nach ca. 10 Min. zweigen wir bei einem Kreuz nach rechts auf einen Fahrweg (Markierung: blauer Balken). Bei zwei Gabelungen halten wir uns links, gehen ein Stück am

rechten Rand eines Lavendelfeldes entlang und nehmen an dessen Ende einen Pfad, der sich zu einem Sträßchen senkt. Wir biegen nach rechts. Das Sträßchen endet nach 200 m; wir gehen ein Stück auf einem Fahrweg aufwärts und nehmen bei einer Gabelung den rechten Weg, der um das Anwesen **Tourbe** herumführt. Wir bleiben auf dem Hauptweg, der zur Häusergruppe Enclos des Bourgues führt, und nehmen dort einen Pfad zwischen Feldern nach Süden, der dann im Wald abwärts verläuft. Wir treffen auf ein Sträßchen (50 Min.), wenden uns nach links und zweigen 50 m weiter nach links auf einen Waldpfad. Nach einem Wegstück durch die Garrigue kreuzen wir ein Quertal **(Combe de Vaumale)** und steigen zu einem Sträßchen an (1.10 Std.). Wir biegen nach rechts; bei einer Straßengabelung 10 Min. später nach links und gelangen zum Weiler **Le Château** (1.30 Std.).

Wir gehen nach rechts durch den Weiler (ohne Markierung), an Schloss und Waschhaus vorbei nach Süden, kreuzen die D 60. Auf einem Fahrweg, der nach kurzem Anstieg nach Osten biegt, gelangen wir erneut zur D 60. Kurz vor Erreichen der Straße nehmen wir rechts einen Pfad, überqueren abermals die D 60 und gehen auf einem Weg parallel zur Straße unterhalb der Felswand von Lioux zum Dörfchen **Lioux** aufwärts (Markierung: blauer Pfeil).

Nach der Durchquerung des winzigen Orts zweigen wir 200 m hinter den Häusern nach rechts auf einen ansteigenden Weg. Wir gelangen zu zwei Häusern und gehen oberhalb von diesen, die Richtung beibehaltend, auf einem Feldweg weiter. Beim Anwesen **La Verrerie** treffen wir auf ein Sträßchen, dem wir geradeaus abwärts zur D 943 folgen (2.40 Std.). Wir biegen nach rechts, gehen bei einer Straßengabelung vor dem großen Anwesen **Fontjouvale** links und überqueren auf der D 943 zwei Felstäler.

Hinter der Rechtskurve darauf biegen wir nach links auf einen breiten Fahrweg. Bei der Gabelung 100 m weiter nehmen wir links den schmaleren Weg und zweigen nach weiteren 100 m wiederum nach links auf einen Pfad, der hinab ins Felstal **Ravin du Grand Marignon** führt (Markierung: grüne 15). Für etwa 15 Min. folgen wir dem Pfad im Schluchtgrund, bis nach links ein durch gelbe, blaue und grüne Punkte markierter Pfad abzweigt, der zur großen **Höhle Baume Roustan** hinaufführt (3.20 Std.).

Von der Höhle gehen wir auf gleichem Weg zurück zum Talgrund und biegen nach links. 50 m weiter zweigen wir nach rechts auf einen Pfad ab und steigen in 10 Min. aus dem Tal hinaus (Markierung: grüne 7 in Gegenrichtung). Auf der Höhe biegen wir nach links und folgen einem alten Weg in weiteren 10 Min. bis zum alten, zwischen Lavendelfeldern gelegenen Anwesen **Vévouil** (3.50 Std.).

Von hier nehmen wir den nach rechts (Südosten) absteigenden Fahrweg (Markierung: grüne 6), zweigen 20 m nach den Gebäuden nach rechts auf einen gepflasterten Pfad. Wir kreuzen den Fahrweg gleich wieder, gelangen zurück zu diesem, dann nach links zu einer Gabelung bei einer Wasserentnahmestelle (Betonfläche) rechter Hand. Wir wenden uns nach links auf einen ansteigenden Weg, den wir in einer Linkskurve nach etwa 10 Min. verlassen, um einem schmaleren Weg geradeaus zu folgen. Dieser beschreibt nach weiteren 5 Min. eine scharfe Rechtskurve (4.10 Std.), verläuft dann mit weiten Ausblicken über das Tal von Vévouil am Südwesthang eines felsigen Höhenrückens. Auf der Höhe biegt der Pfad scharf nach links (4.40 Std.).

In der Rechtskurve 30 m weiter zweigen wir nach links auf einen schmaleren Pfad. Dieser folgt dem Verlauf der felsigen Höhenkante nach Osten (Markierung: grüne 1). Bei einem Steinmännchen etwa 10 Min. darauf wenden wir uns einige Meter nach links, wandern auf der unteren Felsstufe am Rande der Steilkante weiter. Der grün markierte Pfad erreicht schließlich eine verwilderte, abschüssige Feldfläche. Wir gehen am oberen Rand des Feldes entlang, bis zu dessen östlichem oberem Ende, wo ein deutlicher **Fahrweg** beginnt (5.10 Std.). Dieser senkt sich nach Süden und trifft nach 100 m auf einen Querweg. Wir folgen diesem 20 m nach links aufwärts, um einem nach rechts abzweigenden schmaleren Fahrweg in östliche Richtung zu folgen (ohne Markierung). Wir wandern ein Stück oberhalb einer Obstbaumwiese beim unterhalb des Weges gelegenen Anwesen Planeyssard, blicken weit über die Vauclusehänge zum lang gestreckten dunklen Höhenrücken des Luberon.

Beim nächsten Querweg (5.30 Std.) biegen wir nach rechts abwärts (Markierung: grüne 1 und 6 in Gegenrichtung) und zweigen in der Rechtskurve 2 Min. darauf nach links auf einen schmaleren Waldweg. Bei der folgenden Gabelung nach dem verdeckten Anwesen Conas rechter Hand – vor einer niedrigen Leitung – halten wir uns erneut links. Wir folgen einem Pfad im Linksbogen in eine Talsenke hinab, wo wir auf einen von links vom Anwesen **Vaucarlenque** kommenden breiteren Weg treffen, dem wir nach rechts folgen. Wir wandern am Hang mit weiten Ausblicken in die Ebene von Apt, kreuzen die D 230 und erreichen 5 Min. später eine Wegkreuzung (6 Std.). Wir biegen ganz nach links, gehen im Rechtsbogen durch ein Tal zur sichtbaren **Burgruine von St-Saturnin**. Über den Burgfelsen, dann nach links durch einen Torbogen abwärts gelangen wir zur Kirche im **Zentrum** (6.30 Std.).

4. Tag

Von St-Saturnin-les-Apt nach Rustrel

Von der bäuerlich geprägten Landschaft der Calavon-Senke bei Apt führt der Weg zurück in die stillen, geheimnisvoll wirkenden Täler und Hochebenen des Plateau de Vaucluse. Man durchwandert eine weitgehend unberührte Landschaft, trifft auf nur wenige Zeugnisse menschlicher Aktivität. Erst auf dem letzten Drittel des Wanderweges ändert sich das Bild: Alte Weiler, Bauernhäuser, Obstwiesen und Felder rücken wieder ins Blickfeld.

Dauer: 6 Std.

Anstieg: 600 m

Charakter: Wegen der Länge recht anstrengende Wanderung; einfache Orientierung

Einkehrmöglichkeiten: Keine

In **St-Saturnin-les-Apt** nehmen wir beim kleinen Platz vor dem Hôtel Les Voyageurs die nach Osten ansteigende Rue Blanche Gaillard und fol-

Mehrtageswanderung von Fontaine-de-Vaucluse nach Lourmarin: 4. Tag

Bei den Portes de Castor

gen ihr zum nordöstlichen Ortsende. Bei einer Querstraße biegen wir scharf nach rechts und 50 m weiter nach links auf ein Nebensträßchen ab (Markierung: gelber Balken). Bei einer Gabelung halten wir uns links (10 Min.). Wir bleiben auf dem Hauptweg, dessen Asphaltierung endet. Wir gelangen zu einer Obstbaumpflanzung, passieren diese linker Hand und gehen auf dem hier beginnenden, ansteigenden Pfad weiter; ein Blick zurück zeigt uns noch einmal St-Saturnin.

Bei einem Querweg biegen wir nach links aufwärts und gehen 5 Min. geradeaus auf dem ansteigenden Fahrweg weiter. Vor einer leichten Linkskurve des Fahrwegs zweigen wir nach rechts auf einen Pfad, der mit Blick auf den Luberon am Hang verläuft. Bei einer Gabelung halten wir uns links, passieren ein Häuschen. Der Pfad senkt sich zu einer Obstbaumpflanzung und trifft dahinter auf einen Fahrweg (50 Min.). Wir biegen hier nach links und gehen einige Minuten später geradeaus auf einem schmaleren Weg weiter, der bald eine Engstelle zwischen Felsen passiert (**Les Portes de Castor).**

Auf einem schönen Pfad folgen wir einem felsgesäumten Tal, stei-

Mehrtageswanderung von Fontaine-de-Vaucluse nach Lourmarin: 4.-5. Tag

gen dann für 5 Min. an und erreichen eine **Gabelung** (1.30 Std.). Wir zweigen nach rechts (Markierung: hellblauer Balken) und folgen einem über dem Tal rechter Hand ansteigenden Pfad. Am gegenüberliegenden Hang wird eine Borie, der Aiguier Neuf, sichtbar. Beim folgenden Querpfad biegen wir nach rechts, und passieren dabei den **Aiguier Neuf** linker Hand (1.50 Std.).

Von hier nehmen wir den sich verbreiternden Weg nach Süden. In der folgenden Linkskurve erblicken wir rechter Hand eine Borie; 50 m weiter zweigen wir nach links auf einen Waldpfad ab. Nach 15 Min. Anstieg treffen wir auf einen Fahrweg. Wir biegen nach links und in der folgenden Linkskurve nach rechts auf einen Weg in einer Schneise. Bei einem Querweg 100 m weiter wenden wir uns nach links (östlich) auf einen Fahrweg, der oberhalb eines Lavendelfeldes verläuft, einen weiten Blick bis zum Luberon erlaubt und schließlich ein Haus erreicht.

Man geht links am Haus vorbei, gelangt einige Minuten später zu einer Wegkreuzung (2.45 Std.); geradeaus trifft man nach einigen Metern auf den **Aiguier von Auribeau**. Wir biegen nach rechts abwärts. 5 Min. darauf, nach einer leichten Rechtskurve, zweigt man nach links auf einen undeutlichen Pfad (Markierung: gelber Punkt). Dieser führt ein kurzes Stück eben, steigt dann, nach links biegend, im Buschwald in ein Tal ab. Im Talgrund, der Combe de St-Pierre, wenden wir uns nach rechts und gehen dann für ein langes Stück im Tal nach Süden; der Pfad ist stellenweise etwas überwachsen. Nach einer Engstelle zwischen Felsen gelangen wir zur **Kapelle St-Pierre** (3.50 Std.).

Wir gehen weiter nach Süden, halten uns bei der folgenden Gabelung links (wieder hellblaue Markierung) und erreichen den Weiler **Fumeirasse** (4.05 Std.). Auf einem Sträßchen gehen wir von hier zur D 179 und biegen nach links. Nach knapp 1 km auf der D 179 nehmen wir einen nach links abzweigenden Fahrweg (GR 6). Wir steigen zur **D 34** an, wenden uns nach rechts. Nach 350 m auf der Straße biegt der GR nach links auf einen nach Norden ansteigenden Weg. Nach einer Rechtskurve, unter einer niedrigen Leitung, zweigen wir nach rechts auf einen schmaleren Weg. Wir folgen einem Pfad am Hang, der zu einem Feldweg führt; die Richtung beibehaltend gehen wir in ca. 30 Min. auf ebenem, breitem Weg bis **Rustrel** (6 Std.).

5. Tag

Von Rustrel nach Apt

Die Etappe führt zunächst in die ehemaligen Ockerbrüche von Rustrel, eine eigenwillige Landschaft farbiger Sande und Erden. Danach wandert man über eine offene Höhe mit weiten Getreide- und Lavendelfeldern, gelangt schließlich hinab ins Calavon-Tal mit der freundlichen Provinzkleinstadt Apt.

Dauer: 4 Std.

Länge: 15 km

Charakter: Leichte bis mittelschwere Wanderung; im ersten Drittel ist die Orientierung nicht immer ganz einfach.

Einkehrmöglichkeiten: Bar, einfaches Restaurant, Bäckerei an der N 100 nach knapp 3 Std.

Mehrtageswanderung von Fontaine-de-Vaucluse nach Lourmarin: 5. Tag

Wir verlassen **Rustrel** auf der bei der Post von der D 30 Apt–Sault abzweigenden schmalen D 112, die aus dem Ort nach Süden hinausführt. Wir kreuzen die D 22, wenden uns beim folgenden, am Rande der Ockerbrüche von Rustrel verlaufenden Quersträßchen nach links. Hinter dem Abzweig zum Weiler **Bouvène** und einer Einmündung von links gelangen wir zur kleinen **Bar la Rinssoulette** rechter Hand. Unterhalb des Bargebäudes kreuzen wir den Bach **Doa** auf Steinen (30 Min.), folgen dahinter einem Pfad nach rechts zu einer alten, durch eine Steinrinne gebildete Wasserleitung. Hinter dieser halten wir uns leicht rechts und folgen dem ebenen Pfad parallel zum Bach.

Auf einem weiß markierten zehnminütigem **Abstecher** nach links kann man den großen Ockerbruch ›Sahara‹ mit seinen schönen Erdfärbungen erkunden. Der Uferpfad führt zu einer Furt auf der Höhe von Bouvène. Hier biegen wir scharf nach links und steigen einen grauerdigen Hang hinauf, an dessen oberen Rand wir auf einen Pfad treffen. Auf diesem geradeaus ansteigend (Markierung: gelber Balken) gelangen wir 3 Min. später zu einer Gabelung, wo man beide gelb markierten Abzweige nehmen kann; schöner ist der linke Pfad. Er steigt im Rechtsbogen in lichten Wald etwas an, wendet sich nach 5 Min. auf der Höhe noch etwas nach rechts, dann nach links abwärts in die **Ockerbrüche von Bouvène** mit ihren farbigen Steilwänden. Der Pfad verläuft am Fuße der Ockerwände linker Hand. Bei deren westlichem Ende steigen wir über eine niedrigen Erdwall, wenden uns hinter einem Holzschild *»propriété privée«*, der das Betreten der Ockerbrüche verwehrt, etwas nach rechts auf einen durch gelbe Punkte markierten Pfad. Dieser führt durch eine sandige Rinne, dahinter im Linksbogen den bewaldeten Hang hinauf zu einem Querpfad. Wir wenden uns nach links. Der durch gelbe Punkte markierte Pfad eröffnet schöne Ausblicke in die zuvor durchwanderte, von kräftig braungelb bis tiefrot leuchtende Ockerlandschaft (Vorsicht am Rande der Abbruchkanten!). Wo der gelb markierte Pfad nach rechts abbiegt, bleiben wir auf dem Weg geradeaus (Markierung: blauer Punkt). Er steigt über einen mit Kiefern bewachsenen Rücken zwischen zwei Ockerbrüchen in leichtem Rechtsbogen nach Süden an. Wir passieren einige alte Schichtmauern im Wald, gelangen zu einem Aussichtspunkt mit weitem Panorama und erreichen 5 Min. später bei einem lang gestreckten Feld den Rand der **Höhe** (1.30 Std.).

Wir wenden uns nach rechts (Markierung: gelber Balken), folgen bei der Kreuzung **Croix de St-Cristol** 3 Min. später dem Weg geradeaus (Markierung: gelber Punkt). Er führt nach Westen über die bewaldete Kuppe 541 m, dann hoch am Rande eines blassfarbenen Sandbruches und senkt sich erneut durch Wald zu einer Wegekreuzung (2 Std.).

Wir folgen dem Pfad geradeaus (Markierung: blauer Balken), der gleich nochmals hoch über einem großen grausandigen Ockerbruch verläuft, rechts an einer niedrigen Schichtmauer vorbeiführt, ein Grundstück passiert und vor einem **Lavendelfeld** auf einen breiten Querweg trifft (2.10 Std.). Wir wenden uns nach links, gehen auf dem breiten Weg 3 Min. abwärts und zweigen dann nach rechts auf einen Weg an einem Wasserhäuschen vorbei. Bei dem Hausgrundstück 100 m weiter schwenken wir etwas nach links auf einen alten, zwischen zusammengestürzten Schichtmauern verlaufenden Pfad. Dieser senkt sich zu einem vom Weiler **Haut-Blace** kommenden Sträßchen. Wir kreuzen die Straße, folgen einem Fahrweg 100 m abwärts, um nach einem Lavendelfeld nach rechts auf einen grasigen Weg einzubiegen. Dieser führt oberhalb einer Borie an Wacholderbüschen vorbei nach Westen zu einer weiteren, **pyramidenförmigen Borie** bei einem Querweg (2.30 Std.). Wir biegen nach links und wandern auf dem sich verengenden Weg nach Süden abwärts. Bei einer Gabelung halten wir uns rechts, um ein Anwesen linker Hand zu passieren. Schließlich gelangen wir zur D 209 und auf dieser geradeaus zur **N 100** (2.50 Std.).

Wir biegen nach rechts und gleich wieder nach links auf die D 174 Richtung Saignon. Auf der Straße passieren wir ein großes verfallendes Anwesen und gelangen in 5 Min. zum Weiler **St-Quentin.** Wir gehen hier in einer Rechtskurve geradeaus auf einem ansteigenden Fahrweg weiter, der eine Kurve der D 174 abschneidet. Erneut auf der Straße biegen wir nach rechts (ohne Markierung). Wir bleiben 200 m auf der Straße, gehen dann in der folgenden Rechtskurve geradeaus auf einem Fahrweg weiter. Dieser gabelt sich vor Erreichen eines Hauses, knapp 10 Min. nach Abzweig von der Straße; wir biegen nach links. Auf einem Grasweg gehen wir etwa 150 m nach Süden aufwärts, wenden uns dann nach rechts auf einen Feldweg. An einer Ruine vorbei gelangen wir zu einem **Sträßchen** (3.15 Std.). Wir folgen der Straße 5 Min. nach rechts abwärts. Zu Beginn der zweiten Rechtskurve zweigen wir nach links auf einen nach Westen abzweigenden Weg. Beim folgenden Abzweig nach rechts (Torpfosten) bleiben wir auf dem Weg geradeaus. Danach wandern wir nochmals ein Stück auf einem alten Weg im Eichenwald, der bei einer spitzen Borie die ersten Häuser von **Apt** und eine Asphaltstraße erreicht (3.40 Std.). Auf dem Sträßchen gehen wir zur N 100 abwärts und auf dieser nach links zum **alten Ortszentrum** von Apt (4 Std.).

6. Tag

Von Apt nach Lourmarin

Die lange Wanderung erschließt die ganze landschaftliche Vielfalt des Grand Luberon: Maultierpfade im Eichenwald, stolze Anwesen und von der Vegetation überwucherte Ruinen, die grüne Schlucht der Aiguebrun, unter senkrechten Felsen die Häuser von Seguin.

Dauer: 6 Std.

Anstieg: 750 m

Charakter: Recht lange, ansonsten aber problemlose Wanderung mit zwei längeren Anstiegen; überwiegend auf schmalen Wegen; am Anfang und am Ende jeweils eine halbe Stunde auf Nebenstraßen ohne Verkehr

Einkehrmöglichkeiten: In Seguin die empfehlenswerte ›Auberge de Seguin‹ mit Restaurant und Buvette

Der 6. Tag führt durch den Grand Luberon. Der Weg entspricht der Tageswanderung Nr. 15 (S. 68).

Den Römern auf der Spur

Von Sernhac zum Pont du Gard

Durch die Buschheidelandschaft der Garrigues mit ihrer duftenden Vegetation gelangt man mit einigem Auf und Ab und schönen Ausblicken in die Rhônesenke und die Hügelwellen des niederen Languedoc zum Pont du Gard, dem berühmten Viadukt der Römerzeit.

DIE WANDERUNG IN KÜRZE

Anspruch: +
Charakter: Einfache Wanderung auf Buschwaldpfaden; kurze Stücke auf Asphalt; leichte Orientierung

Gehzeit: 3 Std.
Wanderkarte: IGN Série bleue 2941 E, 1 : 25 000

Länge: 11 km
Einkehrmöglichkeiten: Restaurant/Bar beim Pont du Gard, einfache Dorfbar auch in St-Bonnet

Anfahrt: Mit dem Kfz: Ab Avignon auf der N 100 über Remoulins, 22 km.
Mit öffentlichen Verkehrsmitteln: Auf der Buslinie Nîmes–St-Bonnet-du-Gard–Remoulins; werktags 7, So und an Feiertagen 2 Abfahrten.

In **Sernhac** gehen wir – von der Straße aus Remoulins kommend – ortsaufwärts bis zu einem Quersträßchen, wenden uns hier nach rechts (GR 6). Wir verlassen den Ortskern an seinem nordwestlichen Rand, biegen bei einigen neuen Häusern in einen asphaltierten Weg links aufwärts. Die Asphaltierung endet nach 50 m; nach weiteren 100 m geht es geradeaus auf schmalem Pfad weiter (zwischen Zaun links und Gebüsch rechts). In schöner Buschheidenlandschaft steigen wir zu einem kleinen Pass an. Der Weg senkt sich, wendet sich nach rechts, verläuft am Hang und wird breiter; bei einer Gabelung wenig später gehen wir rechts aufwärts. Links unterhalb wird St-Bonnet sichtbar. Bei einer Kreuzung biegen wir nach links und gehen auf dem Hügelkamm in Richtung St-Bonnet. Wir erreichen die Kirche am oberen Ortsrand, steigen im Ort nach links ab, kreuzen die Hauptstraße (N 86) und gelangen zum Café la Fontaine in **St-Bonnet-du-Gard** (40 Min.).

Wir gehen links am Café vorbei, auf einem Sträßchen in nordöstliche

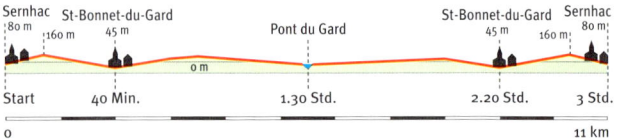

Von Sernhac zum Pont du Gard

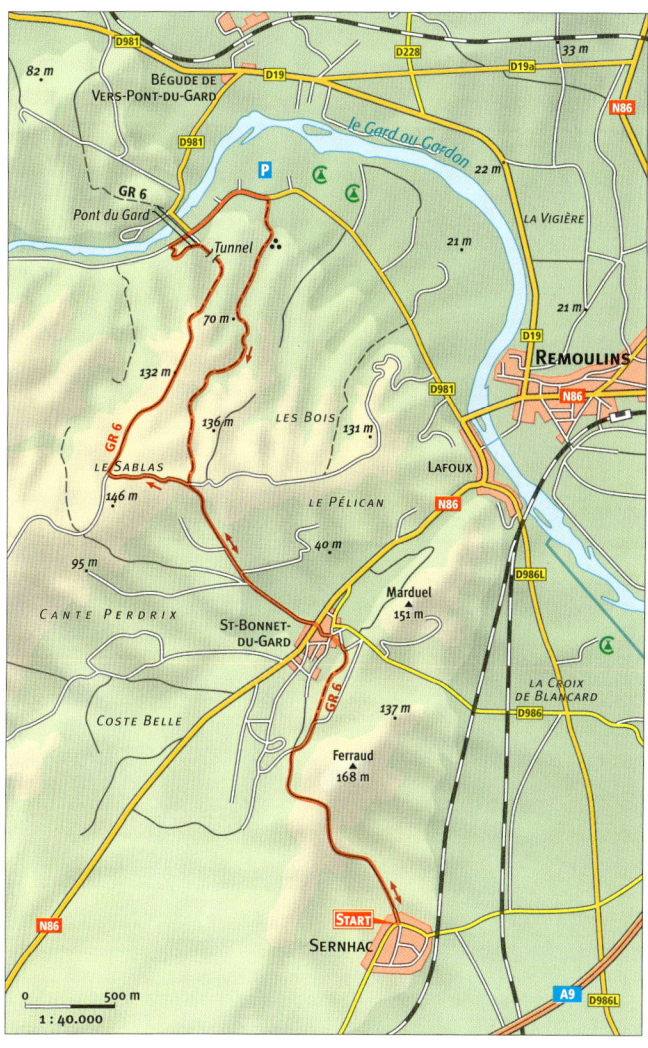

Richtung. Bei einer Gabelung 300 m weiter halten wir uns rechts. Bei einem Abzweig wenige Minuten später – die Asphaltierung endet hier – gehen wir geradeaus auf steinigem Weg knapp 10 Min. durch Steineichenwald zu einem Sattel aufwärts; bei der Gabelung hier gehen wir halb links, leicht ansteigend, gelangen zu einem Querweg und biegen nach rechts. Auf absteigendem Weg erreichen wir gut 20 Min. später einen Querweg, in den wir nach links aufwärts biegen.

Gleich darauf gehen wir geradeaus durch einen Tunnel – und stehen

Von Sernhac zum Pont du Gard

Pont du Gard

am oberen Rand des **Pont du Gard** (1.30 Std.). Wir biegen vor dem Aquädukt nach links, gelangen zu einem Aussichtspunkt mit Blick auf den Pont du Gard und das Gardon-Tal. Von hier steigt man zur Straße ab.

Wir biegen nach rechts (ohne Markierung) und gehen ein Stück auf der D 981 in Richtung Remoulins. 100 m nach Passieren eines Parkplatzes, in einer leichten Linkskurve der Straße, biegen wir nach rechts auf einen Pfad ab.

Wir steigen im Buschwald an, vorbei an Resten der römischen Wasserleitung, und erreichen eine offene Talsenke. Am Ende des Anstiegs treffen wir auf den Hinweg und gehen auf diesem zurück nach **Sernhac** (3 Std.).

Spielzeugschlucht

Im Tal des Gardon

Oberhalb des Pont du Gard durchfließt der Gardon ein malerisches Tal mit grünen Auwäldern und hellen Kalkfelsen. Nördlich des Flusses erstrecken sich die Hügelwellen des niederen Languedoc mit der typischen immergrünen Buschwaldvegetation der Garrigue.

DIE WANDERUNG IN KÜRZE

Anspruch: +

Gehzeit: 3.15 Std.

Länge: 13 km

Charakter: Leichte Wanderung; einfache Orientierung

Wanderkarte(n): IGN Série bleue 2941 OT, 1 : 25 000

Einkehrmöglichkeiten: Nur in Collias; unterwegs keine

Anfahrt: Mit dem Kfz: Von Avignon auf der N 100 über Remoulins, 27 km; **mit öffentlichen Verkehrsmitteln:** keine Busverbindung

---

Ausgangspunkt ist das einige Kilometer östlich des Pont du Gard am Gardon gelegene Dorf **Collias.** Man geht durch den Ort zum Flussufer hinunter (Bootsverleih), nimmt den hier beginnenden, unmittelbar am Flussufer nach Westen führenden Weg. Für ca. 1.20 Std. folgt man dem Flusslauf, zunächst auf breiterem Weg, dann auf einem Pfad, der z. T. über vom Flusswasser abgeschliffene Steinflächen führt, bis man einen kleinen Steindamm erreicht; am gegenüberliegenden Ufer sieht man

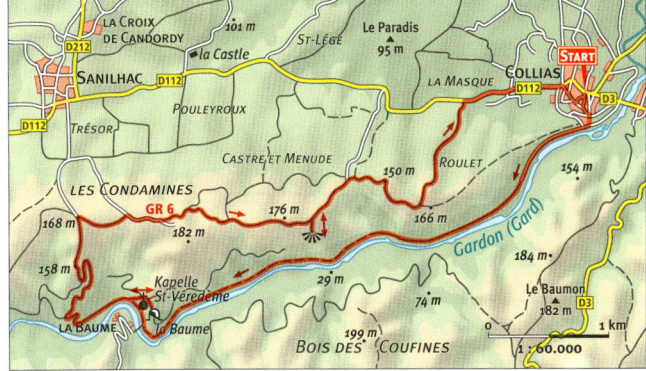

Im Tal des Gardon

Im Tal des Gardon

einige Ruinen. 100 m danach zweigt scharf nach rechts ein Pfad ab, der kurz zur unter einer Felswand gelegenen **Kapelle St-Vérédème** hinaufführt. Geht man rechts an der Kapelle vorbei auf exponiertem Pfad (Vorsicht!) noch ein Stück weiter, so gelangt man zu einer tief in den Fels hineinführenden **großen Höhle.**

Von der Kapelle geht man zurück zur Pfadgabelung unterhalb. Etwa 100 m geht man über das sandige Ufer vor, nimmt dann einen in den Wald hineinführenden Weg. Bei einer Gabelung nach 30 m im Uferwald zweigt man nach rechts. Auf anfangs schattigem Waldweg steigt man in Kurven aus dem Tal des Gardon hinaus. Man bleibt auf dem nicht zu verfehlenden Hauptweg. Vereinzelt eröffnen sich schöne Ausblicke auf das Flusstal. Nach einem ebenen Wegstück im Buschwald trifft man schließlich auf einen Fahrweg (2 Std.). Man biegt nach rechts, folgt jetzt der rot-weißen Markierung (GR 6).

Der Weg führt auf der Höhe nach Osten. Beim folgenden Querweg hält man sich rechts, bei der Gabelung darauf links. Etwa 15 Min. später, nach kurzem absteigendem Wegstück, erreicht man einen deutlichen Querweg. Der GR verläuft links; nach rechts ist ein kurzer Abstecher (50 m) zu einem **Aussichtspunkt** mit Blick auf das Flusstal (2.30 Std.) möglich. Man folgt weiter dem GR, geht bei deutlicher Gabelung und Querweg jeweils rechts.

Der markierte Weg steigt nach Süden biegend noch etwas an, senkt sich dann in nordöstlicher Richtung und trifft auf ein Sträßchen (D 112), auf welchem man in ca. 15 Min. **Collias** errreicht (3.15 Std.).

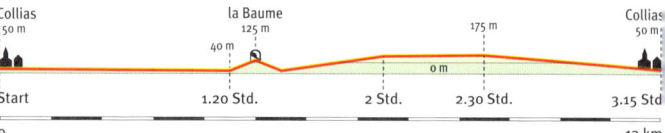

Das Licht des Südens

In den Alpilles bei St-Rémy

Das klare, Farben und Kontraste steigernde Licht der Provence hat immer wieder die Maler des Nordens angezogen. Bei St-Rémy lebte mehrere Jahre Vincent van Gogh. Seinen Motiven kann man heute noch nachspüren, wenn man die Alpilles durchwandert.

DIE WANDERUNG IN KÜRZE

Anspruch: +

Gehzeit: 3.15 Std.

Länge: 11 km

Charakter: Recht einfache Wanderung mit einem kurzen steilen Anstieg; trotz fehlender Markierung ist die Orientierung problemlos

Wanderkarte: IGN Série bleue 3042 OT, 1 : 25 000

Einkehrmöglichkeiten: Keine

Anfahrt: Mit dem Kfz: Vom Ringverkehr um das Zentrum von St-Rémy nach Süden auf der D 5 Richtung Maussane fahren.

Mit öffentlichen Verkehrsmitteln: Mehrere Busabfahrten täglich von Avignon; keine Verbindung nach Arles.

Hinweis: Im Hochsommer (1. 7.–15. 9.) sind die Wege durch die Alpilles wegen der Waldbrandgefahr gesperrt.

Der Ausgangspunkt der Wanderung liegt etwa 500 m südlich des Ortskerns von **St-Rémy**, da, wo die D 5 Richtung Maussane den kleinen **Canal des Alpines** kreuzt. Man folgt zunächst für einen knappen Kilometer dem Wasserlauf rechter Hand nach Osten bis zur zweiten Brücke, biegt dann mit der Avenue J. de Servieres nach rechts über den Kanal. Gleich darauf kreuzt man eine Querstraße und folgt einem breiten Fahrweg. Man geht, die Richtung beibehaltend, leicht ansteigend nach Süden, folgt ein Stück einem abzweigenden Pfad an einer Wiesenfläche entlang, dann einem Hohlweg zwischen Obstpflanzungen und Pinienwald bis zu einem Quersträßchen. Auf der ebenen Straße nach rechts gelangt man nach 5 Min. zum **Kloster St-Paul-de-Mausole**. An der D 5 westlich des Klosters erheben sich die römischen Monumente **les Antiques.** Südlich von hier zweigt auch der Zufahrtsweg zum Ausgrabungsgelände von **Glanum** von der D 5 ab.

Vor dem Eingang zu den Ausgrabungen zweigt man nach links auf einen Pfad, der nach 50 m auf einen vom Kloster kommenden breiten Weg trifft. Man biegt nach rechts. Der Weg verläuft ansteigend rechts an einem alten Steinbruch im Wald mit Höhlen und Steilabbrüchen vorbei, danach links um ein einzelnes Anwesen herum und senkt sich dann zum südlichen Ende der Ausgrabungen von Glanum. Man folgt dem Hauptweg durch das Tal **Vallon St-**

Clerq nach Süden. Dieser passiert nach einigen Minuten eine Engstelle zwischen Felsen. Gut 5 Min. darauf zweigt nach links ein deutlicher Pfad ab; man bleibt auf dem Hauptweg. Nach weiteren 3 Min. – vor einer leichten Rechtskurve – nimmt man den Abzweig nach links, der sofort links an einer Wiese vorbeiführt und sich zu einem Pfad verengt. Nach einem Wegstück in dichtem Buschwald folgt ein zuletzt steiler und steiniger Anstieg zum sichtbaren durchlöcherten Felsen **Rocher des deux Trous** (1.20 Std.).

Vom Felsen steigt man kurz steil nach Süden zu einer **Garriguekuppe** hinauf. Von der Höhe bietet sich ein weites Panorama über die zerklüfteten Alpilles zu den vorgelagerten Ebenen der großen und kleinen Crau. Von der Kuppe folgt man einem absteigenden Pfad im Rechtsbogen nach Westen. Nach einem kurzen steilen Abschnitt trifft man bei der Einmündung des Weges aus dem Vallon de St-Clerq auf ein Sträßchen. Man geht einige Meter geradeaus auf der Straße, zweigt dann nach rechts auf den unteren der beiden abzweigenden Wege. Dieser zieht sich kurz durch Zedernwald den Hang hinauf, führt über eine Kuppe und senkt sich zurück zu dem Sträßchen. Auf diesem erreicht man nach 5 Min. die D 5 bei einem großen Parkplatz.

Man kreuzt die Straße, steigt die Böschung hoch, geht 100 m geradeaus zum Waldrand und einem breiten Fahrweg, dem man 5 Min. – die Richtung beibehaltend – folgt. Man nimmt dann den dritten Abzweig nach rechts, einen grasigen Waldweg, der sich durch dunklen Kiefernwald nach Norden senkt. Auf einem breiteren Weg passiert man eine Wiese und das Anwesen Mas de Gros rechter Hand und gelangt zu einem Quersträßchen. Nach rechts erreicht man 3 Min. später den schön unter Felsen gelegenen kleinen **Stausee Barrage de Peirou** (2.20 Std.).

Vom See folgt man einem Waldpfad nach Westen aufwärts, der eine Kurve der Zufahrtsstraße abschneidet. Auf der Straße geht man einige Meter nach rechts, nimmt dann den nach links abzweigenden kurz ansteigenden Asphaltweg. Bei der Gabelung nach 50 m wendet man sich nach links auf einen Waldweg, der sich zu einer Feldfläche senkt. Man folgt dem Feldrand nach Westen, biegt bei einem Querweg nach rechts. Der Weg spaltet sich kurz in zwei Äste auf und trifft auf einen Fahrweg, dem man nach links folgt. Man ignoriert einen zum Anwesen la Verdière führenden ersten Abzweig nach rechts, nimmt nach kurzem Anstieg den folgenden nach rechts abbiegenden Weg. Dieser senkt sich nach Norden, am alten, zwischen Obstwiesen und Zypressen gelegenen **Anwesen la Verdière** vorbei zu einem Einschnitt im nördlich vorgelagerten Felsriegel. Bei einer Gabelung hier nehmen wir den schmaleren Weg leicht rechts, der gleich rechts an einem Steinhäuschen mit Teich vorbeiführt. Der Pfad verläuft bald eini-

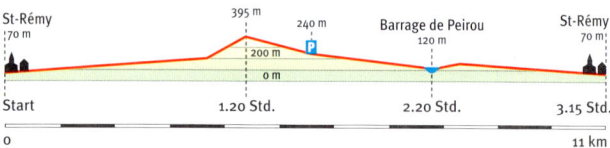

In den Alpilles bei St-Rémy

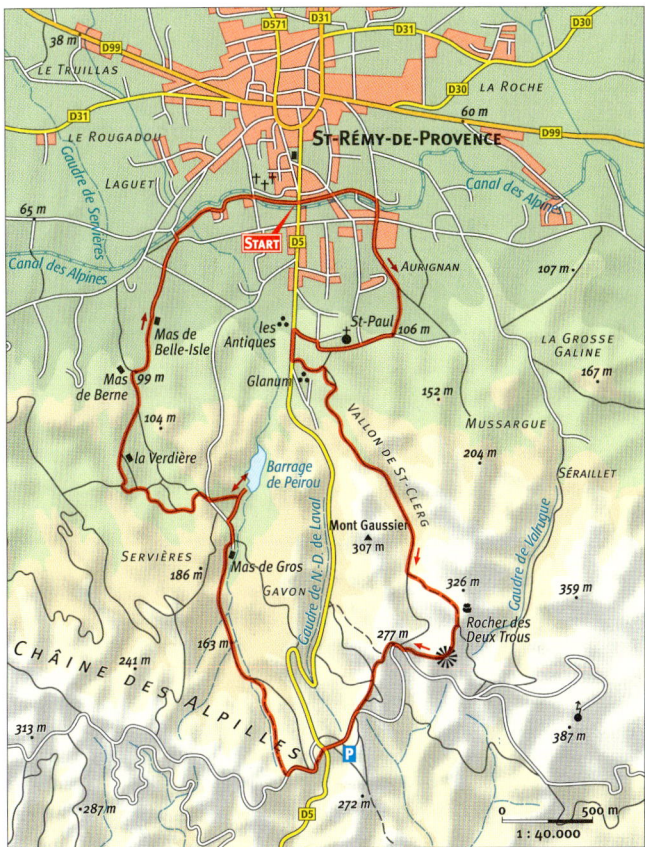

ge Meter rechts am Grundstückszaun des großen Anwesens **Mas de Berne** entlang, dann, nach kurzem Waldstück, links der Grundstückmauer des weiteren großen Anwesens **Mas de Belle-Isle.** Hinter dem Gebäude trifft man auf ein Sträßchen, dem man geradeaus abwärts folgt. Über eine Querstraße hinweg erreichen wir nach etwa 500 m auf Asphalt den **Canal des Alpines.** Auf Uferpfaden und -wegen erreichen wir in gut 10 Min. den **Ausgangspunkt** der Wanderung (3.15 Std.).

St-Rémy

St-Rémy (8500 Einwohner) ist eine lebendige, angenehme Kleinstadt am Rand der Alpilles. Die Sehenswürdigkeiten liegen südlich außerhalb des Zentrums an der D 5: zwei römische Grabmonumente, die als ›Les Antiques‹, bezeichnet werden, die antike Ausgrabungsstätte von Glanum sowie das romanische Kloster St-Paul-de-Mausole, in dem sich 1889/1890 Vincent von Gogh aufhielt.

Von Maussane-les-Alpilles ins mittelalterliche les Baux

In den Fels gebaut

Von Maussane-les-Alpilles ins mittelalterliche les Baux

Kaum ein Ort der Provence entspricht so dem Bild einer mittelalterlichen Bergfeste wie les Baux: ein mit dem Stein verwachsenes kleines Dorf unter den Ruinen einer Burg. In der Umgebung erstreckt sich eine bizarre Kalksteinlandschaft mit üppig blühender Garrigue.

DIE WANDERUNG IN KÜRZE

Anspruch: +

Charakter: Unschwere Wanderung ohne längere Anstiege; die Überwindung einer etwa 1,5 m hohen Felsstufe dürfte, soweit man nicht alleine unterwegs ist, kaum Probleme bereiten.

Gehzeit: 4 Std.

Länge: 12 km

Wanderkarten: IGN Série bleue, 3042 OT und 3043 OT, 1 : 25 000

Einkehrmöglichkeiten: Bar in les Baux

Anfahrt: Mit dem Kfz: Von Arles nach Nordosten über Fontvieille, 20 km.
Mit öffentlichen Verkehrsmitteln: Je nach Saison 2–4 Busse auf der Linie Salon–les Baux–Fontvieille–Arles; keine Verbindung nach St-Rémy/Avignon.

Ausgangspunkt ist das kleine **Maussane-les-Alpilles** am Fuße des Höhenzuges der Alpilles. Mit seinen kleinen alten Häusern, den schmalen Gassen, der obligaten Dorfbar und den plätschernden Brunnen ist es ein ganz und gar typischer Provence-Ort. Vom Kirchplatz in der Ortsmitte folgen wir zunächst einige Minuten der Hauptstraße nach Arles (D 17). Beim Abzweig der Richtung les Baux ausgeschilderten **Avenue des Maronniers** biegen wir nach rechts, verlassen das Sträßchen 50 m weiter nach links (Markierung: gelber Balken). Über einen Bach hinweg geht es auf der schmalen **Rue du Vieux Maussane** zu einer Querstraße bei einem alten überdachten Waschbrunnen *(Lavoir)* linker Hand. Wir halten uns rechts und passieren 100 m weiter die **Ölmühle** der Cooperative Jean Marie Cornille, wo man das qualitativ hochwertige Olivenöl der Region kosten und kaufen kann. Hinter dem Gebäude der Cooperative wird die Avenue Cornille gekreuzt. Das Sträßchen steigt da-

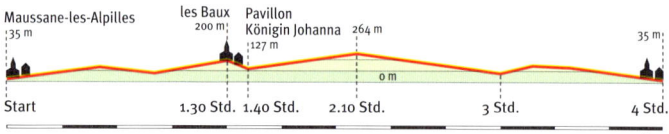

Von Maussane-les-Alpilles ins mittelalterliche les Baux

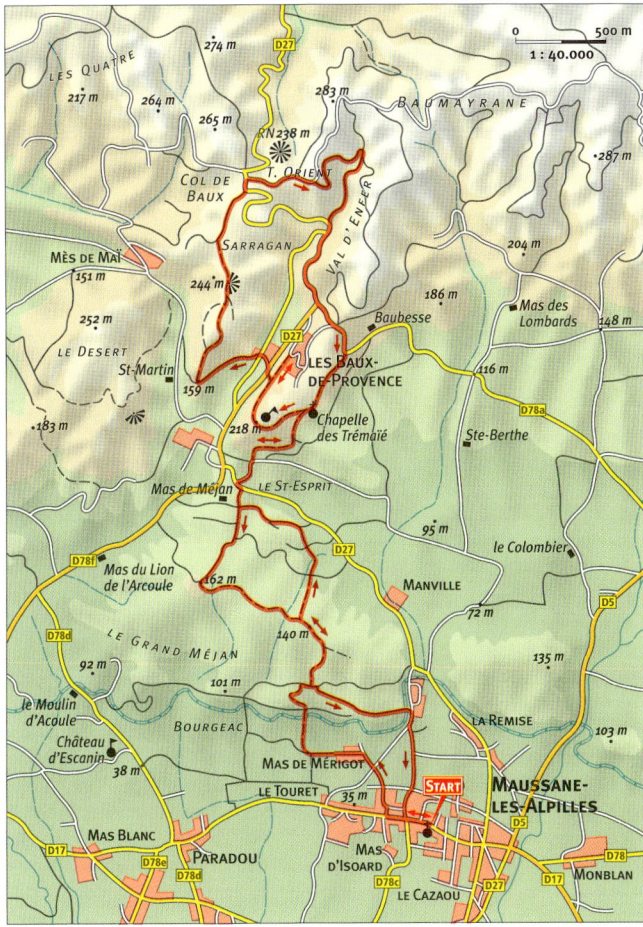

nach etwas an und beschreibt einen Linksbogen zwischen den letzten Häusern des Ortes, wo der Asphalt endet.

Wir folgen geradeaus dem **Chemin de Bourgeac,** den wir 200 m weiter nach rechts wieder verlassen, um auf einige niedrige Kalkfelsen zu ansteigen. Hinter dem Villengrundstück links des Weges treffen wir auf einen schmalen Bewässerungskanal. Wir überqueren ihn auf einem Betonsteg und folgen leicht links dem markierten Pfad, der in 5 Min. zu einer sichtbaren Einkerbung im niedrigen Felsriegel darüber hinaufleitet (30 Min.). Hinter den Felsen wenden wir uns einige Meter nach rechts, biegen dann auf einen Pfad nach links und treffen 50 m weiter auf einen Querweg. Diesem folgen wir 100 m nach rechts (östlich) in eine Senke hinein, wo die markierte Route nach links abzweigt. Auf die-

Von Maussane-les-Alpilles ins mittelalterliche les Baux

Les Baux

ser gelangen wir in einem Einschnitt zwischen kargen Garrigue-Hängen, die nach Norden ansteigen, in etwa 10 Min. auf eine **baumlose Kuppe 140 m**. Der Blick fällt von hier in eine weite Senke mit Olivenbäumen und Weinfeldern, an deren Westrand der Felsrücken mit den Ruinen der Zitadelle von les Baux aufragt.

Um dorthin zu gelangen, wenden wir uns von der Kuppe einige Meter nach Westen (ohne Markierung) und folgen einem gut ausgeprägten Weg durch kräuterduftende Garrigue abwärts auf les Baux zu. Wir bleiben immer auf dem Hauptweg der sich nach 5 Min. im Tal in mehr westliche Richtung wendet. Nach kurzem Gegenanstieg im Kiefernwald treffen wir vor dem Tor zum **Mas de Mejean** auf einen Querweg, der nach rechts zur D 27 führt (1 Std.). Wir kreuzen die Straße und folgen dem Fahrweg gegenüber 150 m bis in eine Rechtskurve. Hier nehmen wir den geradeaus abzweigenden Pfad. Dieser schöne Weg steigt rechts an einem markanten Kalkblock vorbei an, führt dann im Linksbogen zu einem am Fuße des Burgfelsens von les Baux verlaufenden Querpfad. Auf diesem nach links biegend umrunden wir die Südspitze des Felsens. Nach kurzem Abstieg treffen wir oberhalb der D 27 hinter einer Madonnenstatue auf einen anderen Weg. Diesem uralten gepflasterten Steig, einst der Hauptzugang zum Ort, folgen wir hinauf nach **les Baux**, das wir durch die mittelalterliche **Porte Eyguières** betreten (1.30 Std.).

Derselbe Weg führt uns wieder aus dem Ort hinaus; wir verlassen den Hinweg bei der Madonnenstatue unterhalb des Ortes. Wir kreuzen die D 27, wenden uns nach rechts auf einen Asphaltweg, der 100 m weiter im Tal bei der Gendarmerie von les Baux eine Querstraße kreuzt – 50 m rechts der Kreuzung befindet sich bei zwei Zypressen der kleine **Renaissancepavillon der Königin Johanna** (1.40 Std.). In der folgenden Linkskurve bei den letzten Häusern von les Baux nehmen wir den geradeaus abzweigenden, links an einer Mauer entlangführenden Pfad. Der alte Weg mit Pflasterresten steigt

5 Min. nach Südwesten an. In der Rechtskurve beim höchsten Punkt verlassen wir ihn nach rechts, gehen 30 m über glatte Steinflächen, dann auf schmalem Pfad zu einer sichtbaren Einkerbung in der nördlich sich erhebenden Kalksteinbarriere hinauf. Hier muß man eine gut 1 m hohe Felsstufe erklimmen. Dahinter gelangen wir auf ein kleines Garrigue-Plateau und folgen einem Pfad an dessen rechten Rand; es bietet sich eine herrliche Sicht auf das mit dem Fels verwachsene les Baux. Nach etwa 200 m auf dem Plateau wenden wir uns etwas nach links, um auf einem Weg zwischen verwitterten Kalksteinblöcken kurz anzusteigen. Nach einem ebenen Wegstück mit Blick auf das Felschaos des Val d'Enver treffen wir wieder auf die D 27 beim **Col des Baux** (2 Std.).

Wir folgen der Straße 50 m nach links und zweigen dann nach rechts in ein ansteigendes Sträßchen. Nach knapp 10 Min. auf Asphalt kann man links kurz auf eine flache Kuppe hinaufsteigen, die nochmals ein weites Panorama auf les Baux und die Kalksteinlandschaft der Alpilles eröffnet. In der deutlichen Linkskurve danach nehmen wir den geradeaus abwärts führenden breiten Weg. Durch eine Senke nach Süden absteigend treffen wir erneut auf die D 27. Auf der an verwitterten Felstürmen vorbeiführenden Straße wandern wir in 10 Min. zurück nach **les Baux** (2.40 Std.).

Diesmal verlassen wir den den Ort am nördlichen Ende beim **Col de la Vayède**. Wir folgen der D 27a 200 m nach Südosten abwärts und zweigen in der ersten Linkskurve nach rechts auf einen Weg. Er führt am Fuße des mächtigen Felsens von les Baux entlang in 5 Min. zur kleinen **Chapelle des Trémaïé.** Im Felsblock über dem Dach erkennt man ein verwittertes römisches Relief mit drei stehenden Figuren, vom Platz bei der Kapelle genießt man eine weite Aussicht über das fruchtbare Becken östlich von les Baux. Nach weiteren 5 Min. auf dem Pfad am Fuß der Felsen treffen wir auf den Hinweg (3 Std.). Auf diesem bleiben wir bis zum Tor vor dem Anwesen **Mas de Mejean** (3.10 Std.), wo wir diesmal dem geradeaus ansteigenden Weg folgen. Wir gelangen zurück auf den baumlosen aussichtsreichen Höhenrücken, der sich zwischen der Senke von les Baux und der Ebene von Maussane erstreckt. Von der **Kuppe 162 m** führt eine Wegspur über die Kammlinie nach Osten zur **Kuppe 140 m** (3.30 Std).

Für knapp 10 Min. folgen wir von hier dem gelb markierten Hinweg hinab in die Senke südlich der Kuppe, wo wir diesmal den Weg nach links in den Wald hinein einschlagen (ohne Markierung). 50 m weiter zweigt man nach rechts ab, folgt einem Weg, der sich bald links an einer kleinen Olivenpflanzung vorbei in ein idyllisches kleines Felstal senkt. An dessen Ausgang unterquert man ein Aquädukt, wendet sich dahinter nach rechts auf eine Nebenstraße, auf der wir in 10 Min. zurück ins Zentrum von **Maussane-les-Alpilles** gelangen (4 Std.).

Les Baux

Les Baux (430 Einwohner) zählt zu den malerischsten, aber auch zu den am meisten überlaufenen Orten der Provence. »Ein termitenhaftes Gewimmel: Tausende von Touristen« ließen den Schriftsteller Rolf Schneider aus dem Ort fliehen. Das kleine Bergdorf war im Mittelalter Sitz eines Fürstengeschlechts, das über weite Gebiete der Provence herrschte und im 12. und 13. Jh. ein raffiniertes kulturelles Leben entfaltete: Les Baux war einer jener ›Minnehöfe‹, an denen die Gesänge der Troubadoure erklangen. Der Niedergang begann 1372, als der grausame Raimund von Turenne zum Herren von les Baux wurde.

In der Renaissance erlebte les Baux, das protestantisch geworden war, erneut eine kurze Blütezeit. Diese endete 1631, als Ludwig XIII. Mauern und Burg des Ortes, der sich immer wieder in Opposition zum König gestellt hatte, zerstören ließ. Seit 1642 gehört les Baux den Grimaldi, den Fürsten von Monaco.

Als Touristenattraktion ersten Ranges hat sich les Baux heute wieder belebt. Zahlreiche Geschäfte säumen die kopfsteingepflasterten Gassen, Kunsthandwerker haben sich in dem Ort niedergelassen. Über den restaurierten mittelalterlichen und Renaissancegebäuden des Ortes erheben sich die malerischen, teils vom Gestrüpp überwucherten Ruinen der Oberstadt, der *Ville morte* (tote Stadt).

In der Kirche St-Vincent, im 12. Jh. erbaut und später mehrfach verändert, findet am Heiligen Abend die berühmte traditionelle Christmette der Hirten statt. Das Hôtel de Manville (16. Jh.) beherbergt heute das Rathaus sowie ein Museum mit Ausstellungen zu den Restaurierungen von les Baux sowie zur Geschichte des Bauxitabbaus. Bauxit, das bei der Produktion von Aluminium verwendet wird, wurde 1822 bei les Baux entdeckt und erhielt so seinen Namen. Das Mineral ist für die rötliche Färbung der Erde verantwortlich. Die Lagerstätten des Bauxit sind heute erschöpft. In der Bildhauerei sehr begehrt ist der helle weiche Kalkstein aus der Gegend von lex Baux. Bei den Abbauarbeiten entstehen große, glattwandige Höhlen, wie man sie auch auf der Wanderung sehen kann.

Am höchsten Punkt des Ortes steht die Ruine der mittelalterlichen Burg. Von der Höhe genießt man eine großartige Aussicht: nach Süden über Olivenhaine, die Ebenen von Crau und Camargue bis zum Meer, nach Norden in die wilde Felslandschaft des Val d'Enfer mit seinen gewaltigen Kalkblöcken.

In den kleinen Alpen

Von Aureille zu den Grottes de Calès

Die Alpilles, die »kleinen Alpen«, tragen ihren Namen nicht zu Unrecht. Die steilen, in der Sonne gleißenden Kalkklippen lassen den Höhenzug stellenweise wie ein Hochgebirge en miniatur erscheinen. Felsgesäumte Täler leiten hinauf zu den kargen, windigen Höhen des Gebirges, wo sich an klaren Tagen grenzenlose Ausblicke bieten.

DIE WANDERUNG IN KÜRZE

++ Anspruch

5.30 Std. Gehzeit

18 km Anstieg

Charakter: Abgesehen von der Länge und dem mit etwas harmloser Kraxelei verbundenen Abstecher nach Les Opies einfache Wanderung; Orientierung ab den Ruinen von Castelas nicht ganz einfach

Wanderkarten: IGN Série bleue, 3043 E und SB 3143 OT, 1 : 25 000

Einkehrmöglichkeiten: Bar in Aureille; unterwegs keine

Anfahrt: Mit öffentlichen Verkehrsmitteln: Busse ab Salon um 10.45, 12.10, 13.25, 16.05, 18.05, 19.15 Uhr Richtung Aureille–Arles; die Busse um 13.25 und 18.05 Uhr verkehren täglich, die übrigen nur werktags; Fahrzeit Salon-Aureille 25 Min. **Züge** ab Lamanon nach Salon fahren täglich um 7.12, 16.24 und 18.21 Uhr; Fahrzeit 7 Min.

Man verlässt das Ortszentrum von **Aureille** auf der D 25b, der Avenue de Mistral, nach Osten Richtung Salon, passiert den Bushalt »Centre Ville«, Post und Bürgermeisteramt *(Mairie)*. In der folgenden Rechtskurve zweigt man nach links auf die Nebenstraße Chemin de Saint-Pierre, die zum Friedhof am Ortsrand führt. Rechts am Friedhof vorbei folgt man einem nach Osten ansteigenden breiten Weg. Dieser führt kurz durch eine Senke und gabelt sich; man geht links und wendet sich auch bei der folgenden Wegkreuzung, vor einer Einzäunung (Stierweide), nach links (rot-weiße Markierung: GR 6). Durch eine baumlose Landschaft wandert man nach Norden auf eine kahle felsige Bergkette zu. Der Weg wendet sich nach 10 Min. in mehr östliche Richtung und verengt sich. Der GR zweigt nach links ab; man bleibt auf dem Pfad geradeaus, der gleich an einigen niedrigen Felsen linker Hand entlang führt. In einer trockenen Talsenke zwischen zwei felsigen Bergrücken steigt man kontinuierlich nach Osten an. Nach einem kurzen, herrlich grünen Wegstück durch eine Art Pflanzengewölbe folgen 10 Min. kräftigen Anstiegs durch trocken-steinige Umgebung zu einer **Passhöhe** nördlich von les Opies (1.10 Std.).

Von Aureille zu den Grottes de Calès

Auf einem etwas anstrengenden, aber nicht besonders schwierigen Abstecher von insgesamt etwa 40 Min. geht es nun ganz hinauf auf die Bergspitze. Dazu biegt man auf den nach rechts abzweigenden Pfad und hält sich bei der Gabelung nach 100 m links. Der Pfad zieht sich steil den Westhang hinauf und führt zu einem Felsvorsprung südwestlich der Bergspitze. Man geht 30 m auf ebenem Pfad nach links bis zu einem Eisenpfosten und biegt dann nach links. Auf steil ansteigendem Pfad gelangt man in 5 Min. zu einem Steinhäuschen beim höchsten Punkt von **les Opies** (1.30 Std.). Dass die Aussicht prächtig ist, versteht sich. Mit 493 m ist dies die höchste Erhebung der Alpilles überhaupt.

Zurück beim Bergsattel nördlich von les Opies nimmt man den nach Nordosten absteigenden kiesigen Weg. Man wandert durch die Garrigue abwärts, blickt in die fruchtbare Ebene um das große Anwesen Château Roquemartine, über der sich östlich die Ruinen von Castelas erheben. Einen nach rechts abzweigenden Pfad lässt man unbeachtet. Der Weg unterquert schließlich eine Stromleitung und trifft 100 m weiter in der Ebene auf einen Weg am Feldrand. Man biegt nach links, kreuzt einen Bach und gelangt bei der Zufahrt zum **Bauernhof Mas de Gras** auf die D 25 (2.30 Std.).

Man biegt auf der Straße nach rechts. Nach gut 500 m auf Asphalt zweigt man bei einigen Zypressen

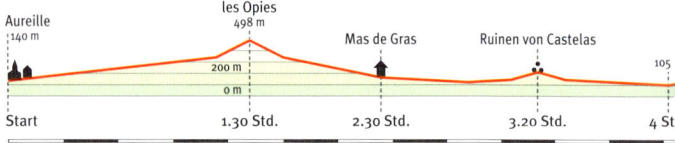

Von Aureille zu den Grottes de Calès

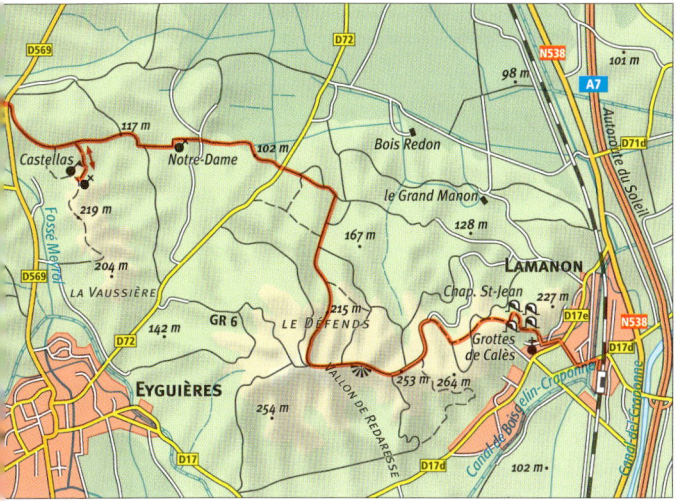

nach links auf einen grasigen Weg. Man durchquert ein Wäldchen und gelangt in 3 Min. zu einigen Platanen bei einer Wasserstelle. Man hält sich leicht rechts, folgt dem Waldweg zu einem runden Wasserbassin mit Löwenfiguren, das zum 200 m nordwestlich von hier gelegenen schlossartigen **Anwesen Roquemartine** gehört. Man wandert – Richtung beibehaltend – auf einem schnurgeraden Fahrweg weiter. Platanen am Wegesrand spenden Schatten. Schließlich trifft man auf die D 569 Orgon–Eyguières (3 Std.). Man überquert die Straße und folgt einem schmalen Pfad einige Meter zu einem breiteren Querweg, auf den man nach rechts einbiegt. Der Weg steigt durch schattenlose Garrigue in einem langen Linksbogen an. Bei einer niedrigen Ruine erreicht man einen Sattel 200 m nördlich unterhalb der verfallenen mittelalterlichen Burganlage von Castelas. Auf der Ostseite des Burghügels zieht sich ein Weg den Hang zu den **Ruinen von Castelas** hinauf (3.20 Std.; wegen Einsturzgefahr dürfen diese nicht betreten werden!)

Man geht zurück zum Sattel und wendet sich auf den anfangs grasigen Weg nach Osten abwärts; rechter Hand eine weitere Ruine mit vielen kleinen Mauernischen im Innern. Der Weg senkt sich durch die Garrigue in die Ebene, biegt – nach einer Einmündung von links – nach rechts in mehr südliche Richtung. 100 m nach der Rechtskurve verlässt man den Weg nach links. Man geht zwischen einer Obstbaumpflanzung und einer Pappelreihe, unterquert bei einem Mast eine Stromleitung und folgt einer Zypressenreihe geradeaus bis zu einem Mauerrest (Kirchenruine). Vor dieser wendet man sich nach links und trifft nach

30 m auf einen Querpfad. Man biegt nach rechts (verblichene Markierung: orangefarbener Balken) und folgt dem ebenen Pfad an Zypressen entlang zu einem asphaltierten Fahrweg. Man geht auf diesem einige Meter nach links und zweigt dann nach rechts auf einen ebenen Waldweg ab. Dieser führt am Rand eines kleinen Steineichenwäldchens entlang. Nach Nordosten blickt man über ausgedehnte Rapsfelder zum felsigen Höhenrücken des Petit Luberon. Der Weg beschreibt eine Rechts- und dann eine Linksbiegung. 5 Min. darauf kreuzt man die **D 72** Senas–Eyguières (4 Std.).

Man geht geradeaus auf einem etwas ansteigenden breiten Weg, der durch Kiefernwald in knapp 10 Min. zu einem großen Weinfeld führt. Etwa 20 m nach Verlassen des Waldes zweigt man nach rechts auf einen durch ein Seil abgesperrten Waldweg. Dieser verengt sich zu einem Pfad und trifft nach 5 Min. auf einen Querpfad, dem man unter Beibehaltung der Richtung folgt. 3 Min. darauf zweigt man nach links auf einen schmaleren Pfad, der gleich in einen engen Taleinschnitt führt. Auf schattigem Weg im Buschwald folgt man dem Verlauf des Engtals nach Süden. Nach einigen Minuten kräftigen Anstiegs gelangt man schließlich auf die offene Höhe bei einem Mast einer Hochspannungsleitung, an dem man auf einen Fahrweg trifft.

Diesem folgt man über den Höhenrücken nach Osten (rot-weiße Markierung: GR 6); nach Süden fällt der Blick weit in die Ebene der großen Crau. Der Fahrweg biegt etwa 1,5 km weiter mit einer deutlichen Linkskurve nach Norden. 100 m weiter zweigt der GR nach rechts auf einen anfangs parallel verlaufenden Waldpfad, dem wir folgen; dieser senkt sich im Rechtsbogen und erreicht eine Wasserentnahmestelle bei einer Asphaltfläche. Beim folgenden Querweg geht man links und bei der Gabelung darauf nach rechts. 100 m weiter zweigt man nach rechts auf einen ebenen Waldpfad, der sich nach 200 m gabelt. Nach links erreicht man in 2 Min. auf einem alten Pflasterweg das Gebiet der **Grottes de Calès** (5 Std.) Der Weg führt über eine Kuppe mit Madonnenfigur und senkt sich dann in das kleine, von steilen Felsen begrenzte Hochtal mit zahlreichen Höhlenwohnungen, das man bei einer alten Begrenzungsmauer erreicht. Man wendet sich hier nach rechts Richtung Lamanon und folgt einem Pflasterweg abwärts zur Kirche von **Lamanon.** Richtung Bahnhof folgt man der Hauptstraße durch das Dorf nach links und biegt vor der Post nach rechts ab in die D 17d, die in gut 5 Min. über den Canal de Craponne hinweg zum **Haltepunkt an der Bahnstrecke** führt (5.30 Std.).

Die Grotten von Calès

Die Grotten bei Lamanon waren für über 2000 Jahre Zufluchtsort für Verfolgte. Der strategisch günstig gelegene Platz in einem versteckten Hochtal war wahrscheinlich schon im Neolithikum besiedelt. Von der ligurischen Urbevölkerung der Provence wird angenommen, dass sie versteckte Wohnplätze abseits ihrer Hauptsiedlungen anlegten, um kriegerischen Auseinandersetzungen mit durchziehenden fremden Völkern – wann immer möglich – aus dem Wege zu gehen. Die Grottes de Calès waren eine solche Rückzugsstätte. Bis ins ausgehende Mittelalter waren die Höhlen bewohnt.

Der Berg Cézannes

Über die Montagne Sainte-Victoire bei Aix

Von Westen gesehen steht die Montagne Sainte-Victoire als markantes Felsdreieck über dem Land. Dies war das Lieblingsmotiv des Künstlers Paul Cézanne. Wir erklimmen den Höhenkamm des Gebirges und genießen eines der schönsten Panoramas der Provence.

DIE WANDERUNG IN KÜRZE

+++ Anspruch

5.30 Std. Gehzeit

720 m Anstieg

Charakter: Aufgrund des anfänglich langen Anstiegs und des steilen Abstiegs vom Höhenkamm nicht ganz müheloser Weg; die Orientierung beim Abstieg von der Höhe ist nicht immer einfach, ansonsten problemlos

Wanderkarte: Didier und Richard No. 14, 1 : 50 000

Einkehrmöglichkeiten: Weder beim Ausgangspunkt noch unterwegs; Bar, Restaurant in Vauvenargues

Anfahrt: Mit dem Kfz: Von Aix auf der D 10/D 10 F nach Osten fahren; ca. 10 km. Parkmöglichkeiten beim Stausee von Bimont.

Mit öffentlichen Verkehrsmitteln: Buslinie Vauvenargues–Abzweig Barrage du Bimont–Aix, ab Vauvenargues 7.10, 13.20 und 17.50 Uhr jeweils werktags; Di, Do und Sa zusätzlich um 9 Uhr ein Bus. So und an Feiertagen Abfahrten um 8.20, 15 und 18 Uhr. Die Busse fahren in Vauvenargues auf der Hauptgasse nach Osten durch den Ort.

Hinweis: Die Wege an der Montaigne Sainte-Victoire sind vom 1. 7. bis zum zweiten Septemberwochenende mit Ausnahme des GR 9 (Chemin des Teinturiers) wegen Waldbrandgefahr gesperrt.

Die Wanderung beginnt beim **Abzweig** der zum Stausee von Bimont führenden kleinen **D 10f von der D 10** Aix–Vauvenargues (Bushaltestelle). In gut 10 Min. erreicht man auf der Straße den Staudamm der Barrage du Bimont. Man geht ganz über die Staumauer, biegt dann hinter die Mauerbrüstung nach links auf einen Pfad, dem kleinen Hinweis »Sentier Imoucha« folgend (Markierung: blauer Balken). Nach wenigen Metern zweigt man nach rechts, steigt kurz im Wald an und geht dann oberhalb des Sees ein Stück durch Pinienwald. Der Weg biegt etwas vom See weg und gabelt sich (30 Min.); man geht links. Auf einem Garriguepfad steigt man mit Blick auf die Felspyramide der Sainte-Victoire 5 Min. in eine Senke hinab. Im Tal trifft man auf einen breiteren Weg,

Über die Montagne Sainte-Victoire bei Aix

dem man geradeaus folgt. Durch lichten Kiefernwald und Macchia steigt dieser kräftig nach Osten an und gelangt schließlich zu einer **Hochspannungsleitung.**

Man folgt einem steinigen Weg geradeaus unter der Leitung durch, unmittelbar rechts an einem Mast vorbei. 30 m weiter zweigt man nach rechts auf einen schmaleren Pfad, um weiter den blauen Markierungen zu folgen. Der Weg zieht sich durch karge Landschaft steil den Hang hinauf, folgt dann teilweise eben verlaufend einem dem Hauptgipfel vorgelagerten Grat. Nach Süden blickt man weit über kahl gebrannte Hügelwellen. Nach dem Grat steigt un-

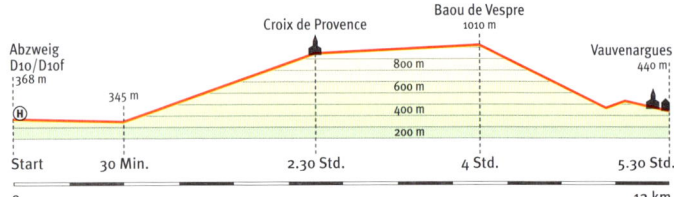

112

Über die Montagne Sainte-Victoire bei Aix

ser Pfad dann wieder steiler an. Man folgt dem Verlauf der Höhenkante auf nicht immer deutlichem Pfad, hat dabei aber das Ziel, das Kloster Ste-Victoire und das Gipfelkreuz, meist vor Augen, sodass man nicht fehlgehen kann. Unterhalb der Klosterkirche trifft man auf den rot-weiß markierten GR 9, dem man die letzten Höhenmeter hinauf zum kleinen Kloster Notre-Dame de Ste-Victoire unterhalb des **Croix de Provence** folgt (2.30 Std.).

Man folgt weiter dem GR 9, der auf dem Höhenkamm des Bergstocks in östliche Richtung verläuft. Nach ca. 1 Std. auf dem Höhenweg wird der Bergkamm etwas weitflächiger. Man geht über eine mit Büschen bestandene kleine Hochfläche (**Baou de Vespre**, 4 Std.), dann ein Stück am Rande des Steilabfalls rechter Hand in nördliche Richtung, wendet sich wieder in östliche Richtung und erreicht nach kurzem Abstieg einen Abzweig. Hier biegt man nach links und verlässt den GR 9 (Markierung bis Vauvenargues: grüner Balken).

Der Weg steigt z. T. recht steil ab und läuft nach ca. 20 Min. (nach Abzweig vom GR 9) ein Stück eben auf eine niedrige Kuppe zu; bei einer undeutlichen Gabelung hier nicht nach links absteigen, sondern geradeaus über Felsblöcke gehen. Die fol-

Montagne Ste-Victoire

genden 20 Min. sind recht anstrengend, da der Pfad kurze Stücke steil absteigt. Der Weg wird dann bequemer, biegt in mehr westliche Richtung, führt durch eine Senke und steigt, wieder nach Norden biegend, an. Man kreuzt einen Bach und erreicht nach einigen Minuten Anstieg einen Forstweg. Man kreuzt diesen und folgt einem Pfad in den Wald hinab. Unterhalb des Schlosses von Vauvenargues trifft man auf einen Fahrweg. Man kreuzt nach rechts den Bach Cause und gelangt in gut 5 Min. auf ansteigendem Sträßchen zum **Ortszentrum von Vauvenargues** (5.30 Std.).

Montagne Ste-Victoire

Der isoliert stehende, 8 km lange Bergstock aus Kalkgestein steigt bis 1010 m an. Auf die Höhe führt nach wie vor keine Straße – der Berg ist nur zu Fuß zu ersteigen.

An seiner Westspitze befindet sich das kleine Kloster Prieuré de Ste-Victoire aus dem 17. Jh., das von den Mönchen Ende des 19. Jh. verlassen wurde. Am Fuße der Montagne, bei Pourrières, schlug der römische Feldherr Marius 102 v. Chr. ein Heer der Teutonen vernichtend und sicherte damit für lange Zeit die Herrschaft der Römer in der Provence.

Der Südabhang der Ste-Victoire wurde 1989 von einem schweren Waldbrand heimgesucht, der durch eine Funken schlagende Motorsäge verursacht worden war. Vom Mistral angetrieben, breitete sich das Feuer unaufhaltsam aus und zerstörte auf einer Fläche von 6000 ha jegliche Vegetation – mehr als die Hälfte des Naturschutzgebietes am Fuße des Gebirges.

Die Wege an der Südseite des Bergstocks sind bis auf Weiteres gesperrt, da sie durch die einsetzende Erosion abzubrechen beginnen. Inzwischen schreiten die Arbeiten zur Wiederaufforstung voran. Man will aus den Fehlern der Vergangenheit lernen und nicht nur die leicht entflammbaren Pinien nachwachsen lassen, sondern auch Eichen und Zedernwaldungen anlegen, wie dies schon mit Erfolg im Luberon praktiziert wurde.

Am Berg der Maria Magdalena

Durch das Tal der Huveaune zum Massif de la Sainte-Baume

Im Schatten der steilen Nordflanke des Sainte-Baume-Gebirges versteckt sich in dichtem Laubwald eine Felsgrotte (provenzalisch *Baume*), in der die hl. Maria Magdalena lange Jahre in strenger Askese gelebt haben soll.

DIE WANDERUNG IN KÜRZE

Anspruch: +++

6 Std. Gehzeit

850 m Anstieg

Charakter: Bis auf die Länge unschwere Wanderung; ein kurzes, etwas exponiertes Wegstück unterhalb des Gipfelkamms verlangt eine gewisse Trittsicherheit und Schwindelfreiheit.

Wanderkarte: IGN Série bleue 3345 OT, 1:25 000

Einkehrmöglichkeiten: Restaurant mit Bar auf halber Strecke bei der Hôtellerie de la Sainte-Baume

Anfahrt: Mit dem Kfz: Von Marseille oder Aix jeweils gut 30 km; **mit öffentlichen Verkehrsmitteln:** Buslinie Marseille–Aubagne–Nans-les-Pins–St-Maximine/Brignoles; 7 Busse täglich (zwei Gesellschaften mit unterschiedlichen Abfahrtsorten in Marseille!).

Beim Westende des Hauptplatzes von **Nans-les-Pins** nimmt man die nach Süden wegführende Grand Rue. An der Kirche vorbei geht man auf der Straße geradeaus aufwärts bis zu einer Kapelle am Ortsrand. Vor dem Kirchlein zweigt man nach rechts auf den asphaltierten Chemin de la Bouaou, der sich nach 100 m vor einem Wasserhäuschen gabelt; man geht rechts (Markierung: roter Balken), folgt einem ansteigenden Fahrweg. 200 m weiter zweigt man nach links auf einen abgesperrten schmaleren Weg. Man wandert auf einem angenehmen Waldweg, der sich nach 5 Min. gabelt. Man geht rechts, folgt danach dem Hinweis »Notre-Dame d'Orgnon«. (Der linke, blau markierte Abzweig führt zur Burgruine Château de Nans.) Der Weg verengt sich zu einem Pfad – Blick zurück auf die Burgruine –, führt durch einen verkohlten Wald und trifft auf einen breiteren Weg. Man folgt diesem geradeaus abwärts, 100 m weiter links an einer Ruine und einem Wasserbecken vorbei. Man erreicht das Anwesen Mantelette, geht rechts am Grundstück vorbei. Über einen spärlich bewachsenen Hang steigt man in 5 Min. ins **Tal der Huveaune** hinab, wo man auf einen Querweg trifft (1 Std.).

Man biegt nach links (ohne Markierung), folgt dem sich verengenden Talweg parallel zum Bach nach Süden bis zu einer Brücke. Man kreuzt den Bach nach rechts, folgt einem Fahrweg 150 m nach links und biegt dann nach links auf einen in den Wald hineinführenden Pfad. Auf

Durch das Tal der Huveaune zum Massif de la Sainte-Baume

herrlich schattigem Weg im Mischwald folgt man weiter dem Lauf der Huveaune, die bald über flache Kalksinterstufen zu Tal fließt und dabei kleine türkisgrüne Tümpel bildet. 150 m nach den Sinterstufen mündet von links ein Seitenbach ein. Hier kreuzt man die Huveaune, wendet sich etwas nach links und erreicht bei einer großen Kiefer einen auf der anderen Bachseite verlaufenden Weg. Man befindet sich jetzt bei den **Sources de l'Huveaune** (Huveaunequellen; 1.30 Std.).

Man wendet sich nach rechts (Markierung: grüner Balken), folgt einem steinigen Pfad, der sich nach 50 m gabelt; man geht rechts. Durch trockene Kalksteinmacchia steigt man nach Süden in einem Talkessel an. Bei einer Gabelung nach etwa 15 Min. Anstieg biegt man nach links, folgt dem Hinweis »Hôtellerie de la Sainte-Baume« (Beide Abzweige sind grün markiert; der rechte Weg endet nach etwa 10 Min. bei der Höhle von Castelette). Über einige Steinstufen geht es kurz kräftig aufwärts.

Der Weg biegt in mehr westliche Richtung, steigt erneut an und trifft auf der Höhe auf einen Querpfad; weite Ausblicke über das Tal der Huveaune und zum isolierten Bergstock des Ste-Baume-Gebirges entschädigen für die Mühe des Aufstiegs. Man geht rechts und erreicht gleich den Rand des dem Bergstock vorgelagerten Plateaus. Man wendet sich etwas nach links und überquert auf ebenem Weg durch lichten alten Eichenwald die Hochfläche. Der Weg beschreibt dabei erst eine Rechts-, dann eine Linkskurve und erreicht eine undeutliche Wegkreuzung. Man biegt hier mit der grünen Markierung nach links und erreicht nach 5 Min. das von Mönchen geleitete Kulturzentrum **Hôtellerie de la Sainte-Baume** (2.20 Std.).

Man geht einige Meter nach links (östlich) auf der D 80 zum Parkplatz bei einem Restaurant. Hier nimmt man den Weg, der über eine große Wiese auf den Bergrücken zuläuft (Hinweis zur Grotte). Im Wald wendet man sich nach rechts und biegt 100 m weiter nach links auf den rotweiß markierten GR 9. Man folgt einem breiten, über Natursteinstufen im Linksbogen ansteigenden Waldweg. Bei einem **Tabernakel** erreicht man schließlich eine Wegekreuzung, wo man nach rechts biegt. Nach 5 Min. Anstieg auf betoniertem Weg führen Stufen nach links zum Eingang der **Grotte der hl. Maria Magdalena.**

Der Hauptweg geradeaus führt zum Fuß der Steilwand westlich der Magdalenen-Grotte. (Wegen Steinschlaggefahr durch unbedachte Besucher der oberhalb gelegenen St-Pilon-Kapelle sollte man Abstand

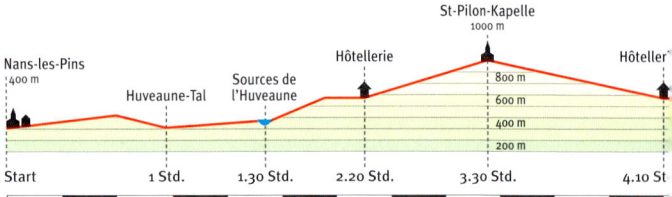

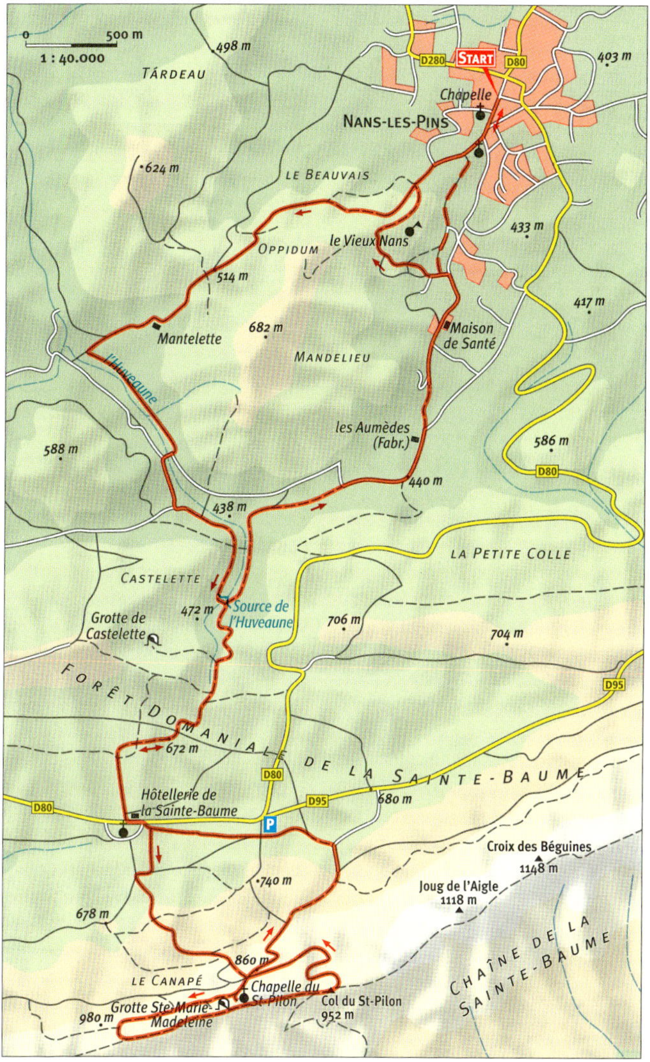

0 500 m
1 : 40.000
498 m
Tárdeau
START
D280
D80
403 m
Chapelle
Nans-les-Pins
624 m
Le Beauvais
433 m
Oppidum
le Vieux Nans
514 m
417 m
Mantelette
682 m
Maison de Santé
Mandelieu
l'Huveaune
les Aumèdes (Fabr.)
588 m
586 m
440 m
438 m
La Petite Colle
Castelette
472 m
Source de l'Huveaune
Grotte de Castelette
706 m
704 m
Forêt Domaniale de la Sainte-Baume
D95
672 m
D80
680 m
Hôtellerie de la Sainte-Baume
Croix des Béguines 1148 m
740 m
Joug de l'Aigle 1118 m
678 m
860 m
Le Canapé
Chapelle du St-Pilon
Col du St-Pilon 952 m
Grotte Ste-Marie-Madeleine
980 m
Chaîne de la Sainte-Baume

Sources de l'Huveaune
425 m
Burgruine von Nans
Nans-les-Pins
400 m
400 m
200 m
4.50 Std.
5.40 Std.
6 Std.
21 km

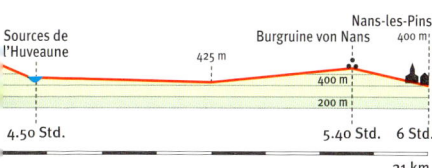

von der Felswand halten!) Der Weg geht bei den Felsen in einen grün und rot markierten Waldpfad über, der sich nach 3 Min. gabelt. Wir folgen dem Abzweig links (Markierung: roter Balken). Unterhalb des nördlichen Steilabfalles des Sainte-Baume-Gebirges geht es nach Westen in der Bergflanke bergan. Der Steig führt aus dem Waldschatten hinaus, verläuft ein Stück exponiert auf einem Felsband und erreicht schließlich den Einschnitt **Pas de la Cabre** (953 m). Vom offenen Kamm bieten sich herrliche Ausblicke in alle Richtungen. Ein steiniger Pfad folgt in einigen Metern Entfernung der Kammlinie nach Osten zur sichtbaren kleinen **St-Pilon-Kapelle** (3.30 Std.) in 1000 m Höhe mit noch schönerer Aussicht.

Von hier geht es weiter östlich, leicht bergab in den **Col du St-Pilon** (952 m). Hier beginnt ein gut ausgeprägter alter Pfad, der nach links am Fuße der Felswand absteigt (rotweiße Markierung, GR 9). Mit einigen Serpentinen gelangt man nach einer verfallenen Kapelle zurück zur Wegekreuzung beim Tabernakel, wo nach links der betonierte Weg zur Magdalenen-Grotte beginnt.

Man biegt nach rechts auf den absteigenden breiten Waldweg (ohne Markierung). Wir passieren eine Quelle rechts des Weges und zweigen in der zweiten Linkskurve darauf nach rechts auf einen schmaleren Weg. Im Wald absteigend, trifft man auf einen Fahrweg, dem man 30 m geradeaus folgt, um dann einen nach links abzweigenden Waldweg einzuschlagen. Bei einer Wegekreuzung geht man links zu einem Parkplatz und nimmt hier den hinter der Orientierungstafel beginnenden breiten Waldweg. Dem Waldrand nach Westen folgend, gelangt man in 15 Min. zurück zur **Hôtellerie de la Sainte-Baume** (4.10 Std.).

Von hier folgt man dem Hinweg zurück bis zu den **Sources de l'Huveaune** (4.50 Std.). Man bleibt rechts des Baches und folgt weiter den grünen Markierungen. Der Weg führt im Rechtsbogen aus dem Tal hinaus, dann nach Osten über einen niedrigen Waldsattel und trifft auf einen Fahrweg. Auf diesem gelangt man geradeaus in 10 Min. zu einer kleinen Fabrik, bei der die Asphaltierung beginnt. Gleich hinter den Gebäuden leicht nach links in einen Waldweg einbiegen. Nach kurzem Anstieg erreicht man ein Sträßchen, biegt nach rechts. Man bleibt auf der Straße geradeaus; diese passiert ein Gesundheitszentrum (**Maison de Santé**) und steigt kurz an. 5 Min. nach dem Maison de Santé zweigt man bei einem eingezäunten Grundstück linker Hand auf ein nach links abzweigendes Sträßchen. 100 m weiter erreicht man eine Kreuzung. Man nimmt den geradeaus ansteigenden, blau markierten Weg. Für gut 5 Min. geht es nochmals steiler bergan. Auf der Höhe wendet sich der Pfad nach rechts und gabelt sich unterhalb der mittelalterlichen **Burgruine von Nans** (5.40 Std.); vom Burgberg genießt man eine schöne Aussicht zum Sainte-Baume-Gebirge. Nach Nans folgt man nach links dem kurz steil nach Norden absteigenden blau markierten Pfad, der in 5 Min. auf den Hinweg trifft. Auf diesem geht man zurück zum **Ausgangspunkt** (6 Std.).

Zöllner- und Schmugglerpfade

Tour 26

Am Meer in den Calanques von Marseille

Das Küstengebirge bei Marseille fällt mit steilen Klippen zum Meer hin ab, das fjordartige Buchten, die *Calanques,* in den Stein gegraben hat. Eine Landschaft dramatischer Akzente: Das Dunkelgrün der sich an den Felsen klammernden Seekiefern kontrastiert mit dem blendenden Weiß des Kalkgesteins und dem Blau des Meeres.

DIE WANDERUNG IN KÜRZE

+++ Anspruch

6 Std. Gehzeit

18 km Länge

Charakter: Recht anspruchsvolle Wanderung auf schmalen, oft steinigen Küstenpfaden. Nur für trittsichere Wanderer ohne ausgeprägte Höhenangst; recht einfache Orientierung

Ausrüstung: In der heißen Jahreszeit Badesachen

Wanderkarte: IGN Sonderkarte Nr. 269, 1:15 000

Einkehrmöglichkeiten: Restaurant-Bar le Nautic in der Bucht von Morgiou, einfache Bar in der Calanque de Marseilleveyre, Restaurant-Bar in Callelongue.

Anfahrt: Mit dem Stadtbus Nr 21 bis zur Endhaltestelle Luminy bei der Universität, Einstieg im Zentrum von Marseille beim Centre Bourse 100 m oberhalb des Hafens an der Canebière oder bei den Metrostationen Castellane, Périer und Rond Pont du Prado, ca. 50 Minuten Fahrzeit, häufige Abfahrten; **Rückfahrt:** Mit **Buslinie** Nr. 20 etwa stündlich bis etwa 19 Uhr von Callelongue bis ins 4 km entfernte La Madrague de Montredon und weiter mit Bus Nr. 19 zur Metrostation Castellane im Zentrum

Vom **Endhalt des Busses (Luminy)** geht man in Fahrtrichtung zum Ende der asphaltierten Parkfläche. Hinter einer Absperrung für Motorfahrzeuge beginnt bei einer Erläuterungstafel ein breiter, mäßig ansteigender Weg. Diesem folgen wir im lang gezogenen Linksbogen im lichten Kiefernwald bis zur Passhöhe (217 m) **Col de Sugiton** (30 Min).

Wir zweigen auf einen breiten Weg nach rechts, den wir gleich wieder nach links verlassen, um auf einem Pfad zu einem sichtbaren befestigten Weg abzusteigen. Auf diesem nach rechts absteigend nähern wir uns der Küste. Vor uns steigen steile Kalkwände empor. Der breite Weg führt zum Fuß der **Steilklippe Falaise des Toits,** an der er mit einem Wendeplatz endet. Wir nehmen den unmittelbar am Fuße der Felswand verlaufenden Pfad (rot-weiße Markierung, GR 98b). Vor einer einzeln

Am Meer in den Calanques von Marseille

stehenden Felsnadel geht es nach rechts auf einem Pfad zwischen Pinien weiter. Westlich erheben sich helle Felsflanken über dem Blau der schmalen Meeresbucht. Nach kurzem Zwischenanstieg erreichen wir schließlich über einen Stufenweg den kleinen Kiesstrand der **Calanque de Sugiton** (1 Std.), einer der schönsten Plätze an der Fjordküste von Marseille. Wegen unterirdischer Quellen ist das Wasser der Bucht jedoch kühler als erwartet.

Vom Strand der Calanque führt ein Pfad westlich den Kieshang zu einer ausgeprägten Felsstufe hinauf. Unter Zuhilfenahme einer angebrachten 3 m hohen Eisenleiter ist diese problemlos zu überwinden. Dahinter beginnt ein herrlicher Pfad über dem Meer. Um das leicht vorspringende Cap de Sugiton herum wird der obere Rand einer knapp 10 m langen steinigen Rinne erreicht. Geübte Wanderer werden wenig Mühe haben, diese hinabzusteigen. Bei Nässe ist jedoch auf den dann glatten Felsen besondere Vorsicht geboten. Danach wandern wir wieder auf einem bequemem Küstenpfad mit prächtigen Ausblicken. Auf nicht zu verfehlendem Weg errei-

Am Meer in den Calanques von Marseille

chen wir schließlich die wenigen Häuser der ehemaligen Fischersiedlung **Morgiou** (1.45 Std.). Auf der Terrasse der Bar le Nautic kann man neue Kraft für den nun folgenden Anstieg schöpfen.

Hinter dem winzigen Hafenbecken steigt nach links ein rot-weiß markierter, undeutlicher Felssteig zu einigen Holzhäuschen den Hang hinauf. Hinter den Gebäuden beginnt wieder ein gut ausgeprägter Pfad. Dieser verläuft in südliche Richtung über der Bucht von Morgiou an der Ostflanke der Crête de Morgiou. Man erreicht bald einen niedrigen Sattel,

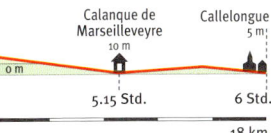

den **Col de Renard**. Auf einem lohnender Abstecher nach links lässt sich das weit ins Meer vorspringende Cap Morgiou erreichen: Man geht zunächst zu einer sichtbaren kleinen Festungsruine und folgt dahinter leicht rechts einem Pfad über ein karg bewachsenes kleines Plateau. An der von steil abfallenden Felsen muschelförmig geformten Calanque de la Triperie entlang gelangt man ganz hinaus auf das windumtoste **Cap Morgiou** (2.30 Std.).

Beim **Col de Renard** beginnt ein auch durch blaue Balken markierter Steig, der über einen kiesigen Steilhang nordwestlich zur Crête de Morgiou hinaufsteigt. Auf der Höhe folgt man dem auf dem Kamm verlaufenden Pfad. Bei einer Pfadkreuzung zweigt nach links der zur Bucht von Sormiou absteigende GR 98b ab. Wir bleiben jedoch auf dem blau markierten, auf der Crête de Morgiou

Am Meer in den Calanques von Marseille

Die einsame Felsküste von Marseille

verlaufenden Pfad. Gut 10 Min. nach der Pfadkreuzung wendet sich dieser etwas nach links (westlich). Nach einem aussichtsreichen Wegstück am Rande der Felsen wird eine Senke durchquert. Danach biegt der Pfad etwas nach rechts zu einem Sattel mit einigen Pinien, dem **Col des Beaumettes** (3.50 Std.).

Nach links am Rand der Höhenkante ansteigend erreichen wir 5 Min. später ein breiter Weg, der geradeaus eben zum **Col de Sormiou** führt. Hier kreuzen wir das von Sormiou hochkommende Sträßchen und folgen dem gegenüber an der meerabgewandten Hangseite ansteigenden Pfad. Nach Norden blickt man auf das Häusermeer von Marseille. Beim folgenden Pass, dem **Col de Cortiou** (4.15 Std.) mit Meerblick, zweigen wir nach links auf den anfangs steil zur Küste hin abfallenden Pfad (Markierung: schwarzer Balken und rot-weißer Doppelbalken). Bei der folgenden Pfadgabelung halten wir uns rechts. Nach einem fast ebenen Wegstück hoch am Hang über der Küste folgt ein steiler Abstieg. Der Weg wendet sich etwas nach rechts (nordwestlich), vom Meer weg hinab in den Felskessel Cirque des Walkyres. Hier biegt der Pfad nach links (südlich) in Richtung Küste. Vor einem einzeln stehenden Felsklotz wenden wir uns nach rechts auf einen herrlichen Pfad über dem Meer. Mit steilen Graten steigen die unbewohnten Felsinseln Riou, Jaire und Maire aus dem Wasser auf. Die Calanque de Podestat mit kleiner Ruine umgeht unser Pfad oberhalb am Hang im Linksbogen. Nach Umrundung der folgenden kleinen Calanque de Queyras senkt sich der Pfad schließlich in die kleine Küstenebene Plan des Cailles mit der **Calanque de Marseilleveyre** (5.15 Std.). Ein Badestrand und eine Bar laden zu einer Rast ein.

Der Weiterweg folgt zunächst auf Meereshöhe dem Küstenverlauf. Man passiert die Geländemulde eines kleinen antiken Theaters linker Hand, umrundet wenig später die Calanque de la Mounine. Danach steigt der Pfad im felsigen Gelände etwas an, umrundet im Rechtsbogen die Bergflanke unterhalb des alten Leuchtturms von Callelongue und senkt sich schließlich zum kleinen Hafen des winzigen **Callelongue** (6 Std.).

Mediterrane Küstenwildnis

Tour 27

Die Calanques von Cassis

Die Küstenlandschaft von Marseille setzt sich nach Osten bis Cassis fort. Schmale Pfade durchziehen das menschenleere Kalkgebirge. Vom Rand der Steilküste fällt der Blick weit über Felsnadeln und -spitzen zum Meer, das meist unerreichbar bleibt.

DIE WANDERUNG IN KÜRZE

+++ Anspruch

Charakter: Wegen der Länge recht anstrengende Wanderung mit einigen kurzen steilen Anstiegen

6 Std. Gehzeit

Ausrüstung: In der heißen Jahreszeit Badesachen

Wanderkarte: IGN-Sonderkarte 269, 1:15 000

780 m Anstieg

Einkehrmöglichkeit: Keine

Anfahrt: Mit dem Kfz: Von Marseille auf der D 559 ca. 22 km nach Osten fahren. **Mit öffentlichen Verkehrsmitteln:** Busverbindung Cassis–Marseille; **Lokalzüge** von Cassis nach Aubagne/Marseille und Toulon (Bahnhof 3 km außerhalb des Zentrums gelegen);

Ausgangspunkt ist die **Calanque de Port-Miou** am westlichen Ortsende von Cassis. Vom Zentrum hierhin folgt man den Hinweisschildern zum Plage de Bestouan, dann nach Les Calanques. An der Bucht endet die

Die Steilklippen der Falaise de Devenson

Die Calanques von Cassis

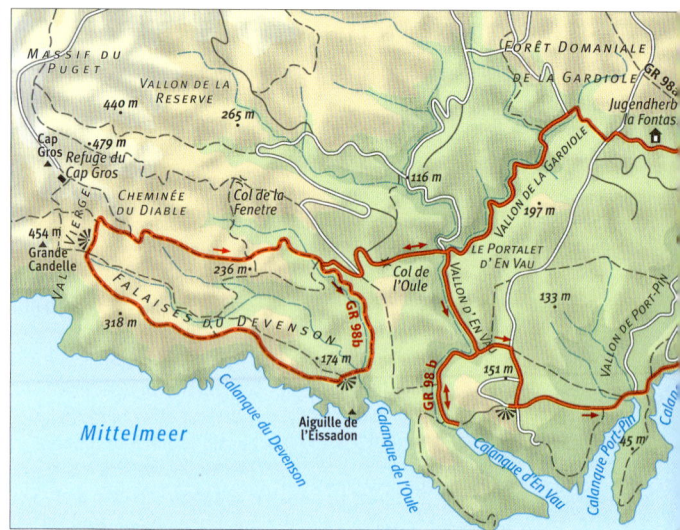

Straße an einem Parkplatz. Hier nimmt man den in nördliche Richtung hinter einer Absperrung ansteigenden breiten Weg, der bald in westliche Richtung biegt. Bei einer Gabelung nach 10 Min. rechts gehen (Hinweis nach »La Fontasse«). Es folgt ein Querweg von links und 50 m weiter eine Gabelung; man hält sich rechts. Auf ansteigendem Weg gelangt man zur **Jugendherberge La Fontasse** (30 Min.).

Man biegt hinter dem Gebäude nach links und zweigt 50 m weiter nach rechts auf einen schmaleren Weg, der eine Absperrung passiert und im Wald absteigt. Bei zwei Querwegen im Tal hält man sich links und geht auf breitem Talweg nach Süden bis zur Weggabelung beim **Portalet d'En Vau** (1 Std.).

Man biegt nach rechts (Markierung: grüner Balken sowie GR 98b). Bei der Gabelung ca. 30 m weiter links gehen. Nach ca. 15 Min. Anstieg erreicht man einen kleinen Pass mit Blick aufs Meer (**Col de l'Oule**). Hinter einer Asphaltfläche biegt man auf einen nach Westen absteigenden Weg. Bei einer Gabelung hält man sich links, geht in südliche Richtung. Der Weg verengt sich und führt in einem Felstal abwärts. Ca. 25 Min. nach dem Col de l'Oule zweigt man nach rechts auf einen steil ansteigenden Pfad; der Abzweig ist leicht zu übersehen. Nach kurzem Anstieg blickt man plötzlich auf das Meer und

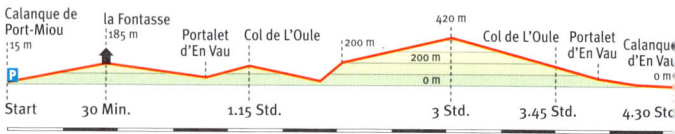

Die Calanques von Cassis

die markante Felsnadel **Aiguille de l'Eissadon.**

Der Pfad führt ein Stück eben, steigt dann, z. T. über Felsen, wieder recht steil an. Danach geht man auf weniger beschwerlichem Weg am Rande der Steilküste **(Falaise du Devenson),** passiert nacheinander zwei Kreuze für abgestürzte Alpinisten und erreicht nach weiterem Anstieg eine kleine Kuppe. Wenig später wendet man sich in mehr nördliche Richtung, durchquert eine Senke und steigt am Rand einer Schlucht linker Hand **(Val Vierge)** an. Ein großartiger Blick auf schroffe Kalkberge ergibt sich; östlich des Val Vierge erhebt sich der 454 m hohe Berg Grande Candelle.

An einer Gabelung beim nördlichen Ende des Val Vierge geht man geradeaus (grüne Markierung), steigt nochmals 5 Min. an. Bei einem Querpfad wendet man sich nach rechts (Markierung: blauer Balken). Auf dem nach Osten absteigenden, blau markierten Weg trifft man in ca. 30 Min. auf den Hinweg unterhalb des **Col de l'Oule** (3.45 Std.) und folgt diesem zurück bis zum **Portalet d'En Vau.** Man biegt nach rechts und verlässt den Hinweg. Auf breitem Weg in der Talsenke erreicht man nach ca. 30 Min. auf dem GR 98b die **Calanque d'En Vau** (4.30 Std.).

Von hier kann man dem GR weiter folgen und auf steilem felsigem Pfad nach Osten ansteigen. Einfacher ist es, ca. 15 Min. nach Norden auf dem Talweg, den man gekommen ist, zurückzugehen und dann in einer Linkskurve nach rechts auf den ansteigenden Pfad (grüne Markierung) abzuzweigen – ein ebenfalls steiler, aber weniger sportlicher Anstieg. Bei einer undeutlichen Gabelung am Hang hält man sich rechts.

An einer Wegkreuzung beim Ende des Anstiegs wendet man sich nach rechts (ohne Markierung) und trifft 10 Min. darauf wieder auf den GR, dem man nach links folgt. (Geht man hier ein kurzes Stück nach rechts, bietet sich ein schöner Blick auf die Calanque d'En Vau). Der GR senkt sich zur **Calanque de Port-Pin** (5.30 Std.) und führt dann über einen niedrigen Höhenrücken. Auf einem Uferweg an der **Calanque de Port-Miou** entlang geht man zurück zum Ausgangspunkt (6 Std.).

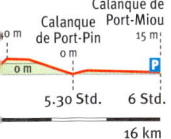

In den provenzalischen Voralpen bei Sisteron

Im Hochtal von St-Geniez

Tour 28

In den provenzalischen Voralpen bei Sisteron

Bei Sisteron beginnt die Haute-Provence, eine weltentrückte, dünn besiedelte Landschaft steiler Kalksteinformationen über menschenleeren Waldschluchten. In einem freundlichen Hochtal grüner Wiesen und Schafweiden liegt das kleine St-Geniez.

DIE WANDERUNG IN KÜRZE

++ Anspruch

Charakter: Mittelschwere Wanderung mit langem anfänglichen Anstieg; einfache Orientierung

4.30 Std. Gehzeit

Wanderkarte: IGN Série bleue, 3339 ET, 1 : 25 000

Einkehrmöglichkeiten: In St-Geniez Gîte d'Etape mit Bar und Restaurant

14 km Länge

Anfahrt: Mit dem Kfz: Von Sisteron: Auf der östlich der Durance verlaufenden D 4 etwa 5 km Richtung Volonne fahren, dann nach links in die D 217 Richtung Vilhosc/St-Symphorien einbiegen; bei der Kreuzung nach 4 km biegt man nach rechts und folgt der schmalen D 17 an Vilhosc vorbei ins Tal des Vançon. Vor der mittelalterlichen Steinbrücke biegt die ab hier nicht mehr asphaltierte D 17 nach links. Nach 4 km endet der Fahrweg am Vançon bei einem kleinen Parkplatz. **Kein öffentlicher Nahverkehr.**

Vom **Parkplatz am Vançon** geht man zurück auf der D 17. Oberhalb des Weges liegt gleich der Weiler **Abros.** Nach etwa 1,5 km auf dem Fahrweg zweigt man nach rechts auf einen abzweigenden schmalen Pfad, folgt dem Hinweisschild nach St-Geniez und den rot-weißen Markierungen des GR 6. Durch lichten Kiefernwald geht es in einigen Serpentinen recht steil bergan. Nach stetigem Anstieg zu einem kleinen Pass zwischen dem Sivayau- und dem Sabot-Berg trifft der GR unterhalb des **Anwesens Charnes** auf einen Fahrweg (1.30 Std.). Diesem folgt man gut

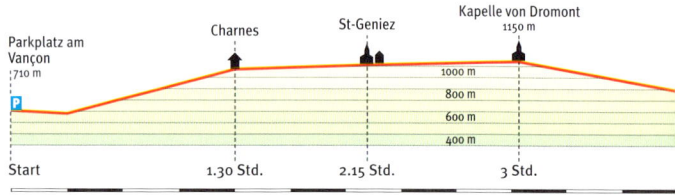

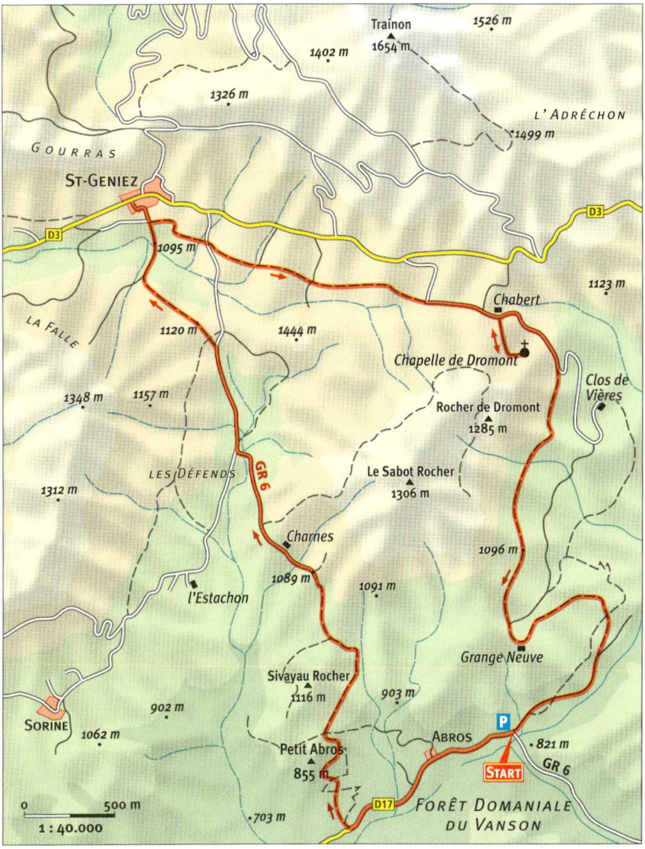

In den provenzalischen Voralpen bei Sisteron

Tour 28

20 Min. nordwestlich zu einer Nebenstraße, auf die man nach rechts einbiegt. Zwei neue Stallgebäude lässt man linker Hand; 500 m weiter schlägt man einen nach links abzweigenden Grasweg ein, geht in ca. 20 Min. auf dem GR bis zum sichtbaren **St-Geniez** (2.15 Std.).

Vom Dorfplatz in St-Geniez (Bar/Restaurant) geht man ca. 50 m auf der D 3 zurück in Richtung Sisteron und biegt dann nach links abwärts in eine Nebenstraße. Die Asphaltierung endet bald; bei einer Gabelung hier hält man sich links und folgt dem Hinweis ›Tour de Dromont‹ (Markierung: gelber Balken). Der markierte Weg kreuzt ein Sträßchen, führt dann zwischen Wiesen eben nach Osten. Nach einer halben Stunde ab St-Ge-

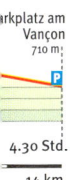

rkplatz am Vançon
710 m

4.30 Std.

14 km

In den provenzalischen Voralpen bei Sisteron

niez gelangt man zu einem Sträßchen und geht auf diesem geradeaus zum Anwesen Chabert unterhalb des weithin sichtbaren, isolierten Rocher de Dromont. Kurz vor dem Bauernhof Chabert zweigt man nach rechts und gelangt auf einem Pfad zur hoch über dem Tal gelegenen **Kapelle von Dromont** (3 Std.).

Man geht zurück zum **Bauernhof Chabert** und biegt beim Gebäude nach rechts auf den absteigenden Fahrweg. Ca. 100 m vor einer scharfen Linkskurve zweigt man nach rechts auf einen Pfad mit weiten Ausblicken hoch über dem Vançon-Tal. Nach Westen wird die Montagne de Lure sichtbar. Der Pfad steigt zum verlassenen **Bauernhaus Grange Neuve** ab, biegt hier in nordöstliche Richtung. Bei einer Gabelung einige Minuten darauf hält man sich rechts, um in Richtung auf den Vançon-Bach abwärts zu gehen. Der Pfad biegt wieder in südwestliche Richtung und trifft im Tal auf einen Fahrweg, dem man geradeaus folgt. Wenig später erreicht man den **Ausgangspunkt** bei der Furt über den Vançon (4.30 Std.).

Sisteron

Sisteron (6500 Einwohner), oft als ›Tor zur Provence‹ bezeichnet, liegt malerisch über der Durance, die hier eine Engstelle zwischen senkrecht aufstrebenden Felsen durchfließt. Aufgrund seiner Lage hatte der Ort seit altersher eine strategische Be-

Im Hochtal von Saint-Geniez

In den provenzalischen Voralpen bei Sisteron

deutung, da die im Durance-Tal schon seit der Römerzeit bestehende Straßenverbindung leicht zu kontrollieren war. Zu diesem Zweck wurden im 11. Jh. auf dem Bergkegel westlich des Flusses erstmalig Befestigungsanlagen erbaut. Die den Ort überragende Zitadelle war immer wieder Schauplatz kriegerischer Auseinandersetzungen, insbesondere während der Kämpfe zwischen Protestanten und Katholiken (1560–1600), die in diesem Teil der Provence mit besonderer Heftigkeit geführt wurden.

Eine Felstreppe mit 365 Stufen führt vom Ort zur Zitadelle hinauf, von wo man einen schönen Blick auf die Dächer von Sisteron hat. Oben findet man noch Teile einer Burg aus dem 13. Jh., eine Kapelle aus dem 15. Jh. sowie die Wehranlagen, die im Wesentlichen zwischen 1590 und 1597 entstanden sind.

1944 wurden die Befestigungsanlagen – ebenso wie Teile der Altstadt von Sisteron – bei einem alliierten Bombenangriff schwer beschädigt. Trotzdem hat die Altstadt von Sisteron ihren mittelalterlichen Charakter weitgehend bewahren können. Die entstandenen Lücken wurden behutsam wieder geschlossen. Kunstgeschichtlich beachtenswert ist der romanische Dom Notre-Dame-des-Pommiers aus dem 12. Jh. Der klar gegliederte, sehr dunkle Innenraum scheint in seiner düsteren Strenge den Charakter der hochprovenzalischen Landschaft um Sisteron widerzuspiegeln.

Auf der Anfahrt zum Ausgangspunkt der Wanderung passiert man zwei bescheidene Sehenswürdigkeiten. Vor Vilhosc weist ein Schild nach rechts zur Prieuré de Vilhosc. Unter einem Bauernhof verbirgt sich die Krypta (11. Jh.) des ehemaligen Priorats von Vilhosc, die später als Schafstall diente. (Der Bauer führt gelegentliche Besucher gerne in sein Kirchlein unter der Erde, freut sich natürlich auch über ein Trinkgeld.) Die schön geschwungene Steinbrücke über den Vançon beim Ende der Asphaltstraße, der Pont de la Reine Jeanne, wurde im 14. Jh. errichtet.

Inmitten einer bizarren Landschaft liegt die Kapelle von Dromont, die im 17. Jh. über einer romanischen Krypta aus dem 11. Jh. errichtet wurde. Vom Altar der Kapelle führt eine schmale Treppe hinab. Den Schlüssel für das Gotteshaus erhält man beim Bauernhof Chabert. Auf dem Felskegel daneben, dem Rocher de Dromont, hat man Reste eines keltoligurischen Oppidums gefunden.

Zur Kapelle der Templer

Über den Sommet de Cousson bei Digne

Südlich von Digne erhebt sich der Sommet de Cousson. Vom offenen Höhenkamm bieten sich unbegrenzte Fernblicke auf Lavendelebenen und schneebedeckte Alpenberge. Am Rande des Abgrunds steht eine Kapelle der im Mittelalter verfolgten Templergemeinschaft.

DIE WANDERUNG IN KÜRZE

Anspruch: ++

Gehzeit: 3.45 Std.

Anstieg: 660 m

Charakter: Mittelschwere Wanderung auf einsamen Wegen und Pfaden; ein kurzes exponiertes Wegstück ist für Wanderer mit ausgeprägter Höhenangst nicht geeignet; einfache Orientierung

Wanderkarte: Didier u. Richard No. 19, 1 : 50 000

Einkehrmöglichkeit: Keine

Anfahrt: Mit dem Kfz: Der Ausgangspunkt der Wanderung befindet sich in dem 10 km südlich von Digne gelegenen Entrages; Anfahrt von Digne über die D 20/120; **keine öffentlichen Verkehrsmittel.**

Beim Kirchlein von **Entrages** nimmt man den nach Westen führenden Fahrweg. Bei einer Gabelung nach einer Rechtskurve (ca. 3 Min. ab dem Dorf) zweigt man nach links (Markierung: rot-gelber Balken). Nach einem kurzen, steilen Anstieg gelangt man zu einer Wiesenfläche, von der sich ein schöner Blick auf Entrages und die Montagne de Coupe bietet. Am Ende der Wiese biegt man etwas nach links und steigt auf einem Pfad am Hang nach Nordwesten an. Auf der Höhe wendet man sich nach links und erreicht eine Pfadgabelung beim **Pas d'Entrages** (40 Min.), an der man sich links hält (Markierung: gelber Balken).

Der Pfad führt in südliche Richtung aufwärts, passiert ein Wäldchen und erreicht nach einem Wegstück am offenen Hang einen Sattel. Man steigt von hier auf einem undeutlichen Pfad steil zu einer Kuppe an und gelangt dahinter zu der auf einen Felsen gebauten Kapelle

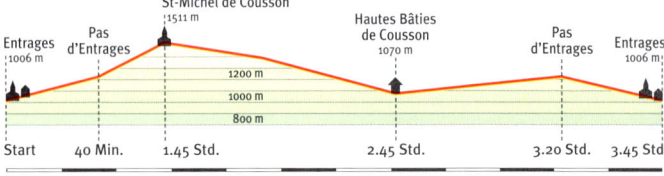

Über den Sommet de Cousson bei Digne

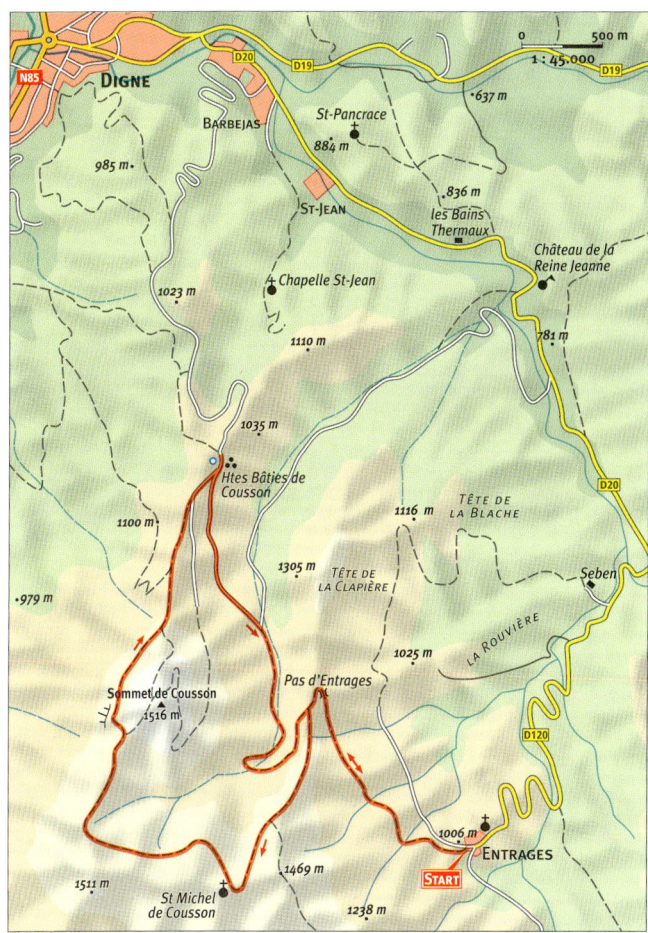

St-Michel de Cousson (1.45 Std.), die von den Templern errichtet wurde.

Von der Kapelle geht man über den offenen Höhenrücken nach Westen, steigt dann nach Norden ab und geht auf ebenem Pfad am Rand der Höhe. Unterhalb des zweiten (nördlichen) Gipfels des **Sommet de Cousson** wendet man sich etwas nach links und steigt auf einem Pfad ab. Ein kurzes Wegstück führt unter Felsen am Rand des Steilabfalls entlang (Vorsicht!). Auf abwärts führenden Waldwegen gelangt man zu einer Ruine bei einem Brunnen und einer Zeder (2.45 Std.; **Hautes Bâties de Cousson**).

Man wendet sich nach rechts auf einen ebenen Fahrweg (rot-gelbe Markierung), um 300 m weiter nach rechts auf einen Pfad zu zweigen. Bei einem Querweg 20 Min. darauf rechts gehen. Man wandert in einer Talsenke nach Süden aufwärts.

Blick vom Sommet de Cousson nach Osten

Bei einer Gabelung biegt man scharf nach links und gelangt nach ca. 10 Min. Anstieg zum **Pas d'Entrages** (3.20 Std.), von wo man dem Hinweg zurück zum **Ausgangspunkt** folgt (3.45 Std.).

Digne

Die Hauptstadt des Departements Alpes-de-Haute-Provence besitzt noch einen kleinen alten, mit verwinkelten Gassen durchzogenen Stadtkern, in dessen Mittelpunkt sich die Ende des 15. Jh. errichtete Kathedrale St-Jérôme erhebt.

Älter ist die Kirche Notre-Dame-du-Bourg, östlich außerhalb beim Friedhof gelegen. Das sehenswerte romanische Bauwerk aus dem 13. Jh. war einst die Bischofskirche von Digne und stand ursprünglich im Zentrum der Stadt. Nach Zerstörungen während der Religionskriege wurde die Unterstadt um Notre-Dame-du-Bourg von ihren Bewohnern verlassen, das Ortszentrum von Digne nach St-Jérôme verlegt.

Wer sich für tibetische Kultur interessiert, sollte einmal die Stiftung Alexandra David-Néel besuchen. Alexandra David-Néel, die lange in Digne lebte und hier im Alter von 101 Jahren starb, war eine Frau von ungewöhnlichem Wagemut. Als erstem Menschen des westlichen Kulturkreises gelang es ihr – als Bettlerin verkleidet – nach Lhasa, der verbotenen Stadt Tibets, vorzudringen. In Digne, dessen Umgebung sie entfernt an Tibet erinnerte, begründete sie später das kleine Zentrum für lamaistische Kultur, das besichtigt werden kann.

Die Umgebung von Digne ist außerordentlich reich an Fossilienfundstellen. 1979 wurde ein geologisches Schutzzentrum eingerichtet, das Führungen organisiert (Auskunft beim Touristenbüro).

Verborgene Schluchten

Durch die Gorges de Trévans

Die Gorges de Trévans sind wenig besucht. Die Schlucht überrascht durch ihre Wildheit und artenreiche Vegetation: Pinien, Zedern und Eichen, mediterrane Garrigue mit Ginster, Thymian und Wacholder wechseln mit nordischem Wald aus Fichten, Ahorn und Buchen.

DIE WANDERUNG IN KÜRZE

Anspruch: ++

Gehzeit: 5 Std.

Länge: 15 km

Charakter: Nicht ganz leichte Wanderung mit einigem Auf und Ab, aber ohne allzu harte, lange Anstiege; Trittsicherheit ist erforderlich; für Wanderer mit ausgeprägter Höhenangst ist der Weg nicht geeignet. Dies gilt insbesondere für einen kurzen Wegabschnitt nach dem Belvédère de Cubercelas.

Wanderkarte: Didier u. Richard, No. 19, 1 : 50 000

Einkehrmöglichkeit: Keine

Anfahrt: Mit dem Kfz: Südlich von Mézel zweigt man von der D 907 (im Asse-Tal verlaufend) auf die schmale D 17 Richtung Majastres. Das Sträßchen steigt stark an, passiert den Weiler Palus und verläuft dann eben hoch über dem Tal der Estoublaisse. Ca. 1 km vor Erreichen des Felsengpasses beim Pont du Pas d'Escale, vor Kilometerstein 32, zweigt nach rechts ein Pfad ab (Hinweisschild zur Chapelle St-André).

Man folgt dem Pfad zu Tal und kreuzt den **Ravin du Pas d'Escale** auf einer kleinen **Römerbrücke** (10 Min.). Der Pfad steigt für 5 Min. an, verläuft dann am Hang über dem Bacheinschnitt rechter Hand. Nach erneutem

Blick in die Gorges de Trévans

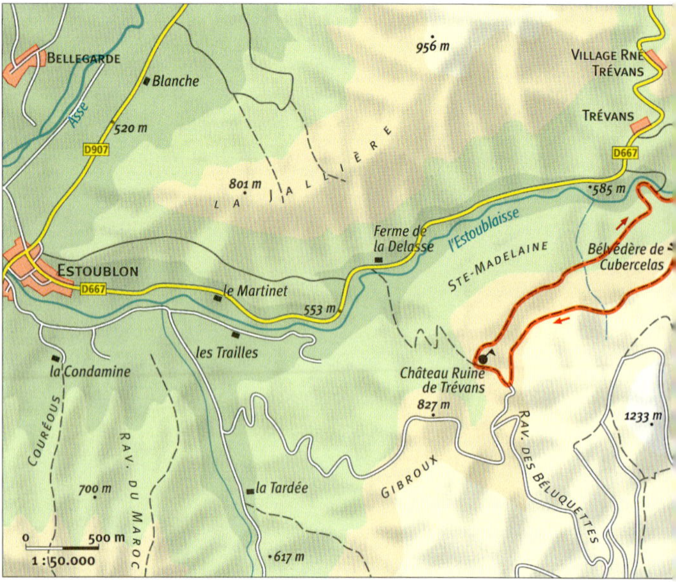

Durch die Gorges de Trévans

kurzen Anstieg zweigt nach rechts der schmale Pfad zur **Chapelle St-André** ab, die man nach gut 5 Min. Anstieg erreicht (45 Min.). Vom ehemaligen Zisterzienserkloster **St-André** (13. Jh.) findet man nur noch einige Mauerreste, die den Besuch kaum lohnen würden. Beeindruckend bleibt aber die Lage auf einer Felskuppe hoch über der Trévans-Schlucht.

Man geht auf gleichem Weg zurück zum Abzweig und folgt dann dem Hauptpfad nach Süden. Bei einer Einmündung von rechts geht man – Richtung beibehaltend – geradeaus (Markierung ab hier: roter Balken). Der zum Teil steinige Weg verläuft hoch über dem Tal, um sich dann ins Tal der Estoublaisse zu senken. Man kreuzt den Bach und gelangt zur **Schutzhütte Valbonette** (1.15 Std.).

Man wendet sich etwas nach rechts und gelangt in 10 Min. von hier auf einem ansteigenden Waldweg zu einer Gabelung; man biegt nach rechts auf den durch grüne Balken markierten Pfad. **(Abstecher:** Nach links führt der grün markierte

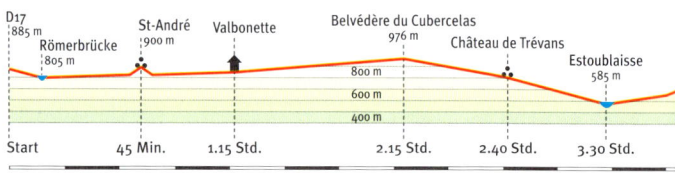

Durch die Gorges de Trévans

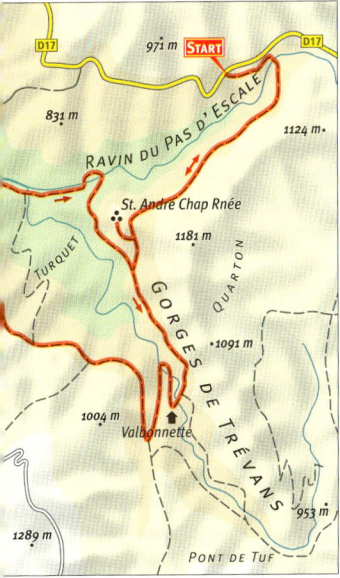

Pfad in einer guten Stunde zur **Pont de Tuf,** einer eigentümlichen Naturbrücke, die ein feuchtes, dunkles Gewölbe über der Estoublaisse bildet. Man folgt einem schwierigen Pfad hoch über der Trévans-Schlucht, der nur für schwindelfreie und geübte Wanderer geeignet ist).

An der nächsten Gabelung nach zwei Ruinen bei einigen Zedern hält man sich links. Der Pfad führt mit weitem Blick durch die Garrigue aufwärts und erreicht eine Gabelung bei einer Linkskurve. Man geht geradeaus (Hinweis zur Gîte de Trévans); nach rechts ist ein kurzer Abstecher zum Aussichtspunkt **Belvédère du Cubercelas** (2.15 Std.) möglich.

Der Pfad führt ein Stück auf einem Felssims am Rande der Steilkante entlang (Vorsicht: Nach rechts geht es überraschend und senkrecht in die Tiefe!), dann im Wald, verbreitert sich und trifft auf einen Querweg, in den man nach rechts einbiegt. Bei den Ruinen des **Château de Trévans** 3 Min. später (2.40 Std.) zweigt man nach rechts auf einen Pfad (Markierung: roter Balken). Man passiert eine bewaldete Ebene und geht dann in Serpentinen abwärts zum **Tal der Estoublaisse** (3.30 Std.).

Vor der Brücke biegen wir nach rechts und folgen dem Uferpfad (weiter rote Markierung), einem bequemen Weg unter Felsen. Bei einer Gabelung hält man sich links, überquert auf Stegen zunächst die Estoublaisse, dann den Ravin du **Pas d'Escale.** Der Pfad steigt 10 Min. in schroffer Felslandschaft an, führt über eine offene Kuppe und senkt sich zum Ravin du Pas d'Escale. Man kreuzt nach rechts den Bach und steigt im Wald wieder an. Nach einem Wegstück hoch über der Schlucht, im Frühjahr durch üppig blühenden Ginster, trifft man auf den Hinweg, dem man zurück zum **Ausgangspunkt** folgt (5 Std.).

Hinweis: Für die Weiterfahrt zu den Gorges du Verdon kann man die D 17 benutzen; die Fahrt führt durch wenig besiedelte Landschaft über das Zwölf-Seelen-Dorf Majastres und Châteauneuf-Moustiers, das von seinen Bewohnern vollständig verlassen wurde. Ab Majastres ist das Sträßchen nicht asphaltiert.

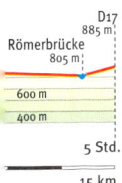

Durch die untere Verdon-Schlucht von Quinson

Basses Gorges

Durch die untere Verdon-Schlucht von Quinson

Obwohl die Wände der Basses Gorges nicht so himmelhoch aufragen wie im berühmteren Grand Canyon (Touren 32, 33), ist der Weg dennoch eindrucksvoll. Es bieten sich immer wieder schöne Ausblicke auf den ruhig zwischen Kalkfelsen dahinfließenden Verdon.

DIE WANDERUNG IN KÜRZE

++
Anspruch

3.30 Std.
Gehzeit

9 km
Länge

Charakter: Schluchtwanderung auf schmalen Pfaden; ohne lange Anstiege; der Weg verläuft im ersten Drittel streckenweise auf einer alten schmalen Kanalmauer, das angebrachte Geländer ist in schlechtem Zustand, eine gewisse Trittsicherheit und Schwindelfreiheit sind notwendig; einfache Orientierung.

Ausrüstung: In der warmen Jahreszeit Badesachen; für die Tunnelpassage ist eine Taschenlampe hilfreich.

Wanderkarte: IGN Série bleue 3343 OT, 1 : 25 000

Einkehrmöglichkeit: Beim Ausgangspunkt einfaches Restaurant mit Bar

Anfahrt: Mit dem Kfz: Von Riez auf der D 11 etwa 20 km nach Quinson; 1 km südlich des Ortes überquert die Straße den Verdon, der hier von Osten breit heranfließend in die enge Schluchtpassage eintritt; Parkmöglichkeit hinter der Brücke, links am Fluss bei einem Bootsverleih.

Etwa 50 m südlich der **Verdonbrücke von Quinson** weist ein Holzschild mit der Aufschrift »PR Ste Maxime par les Gorges« nach rechts auf einen durch gelbe Balken markierten Pfad. Wir folgen diesem einige Meter den Hang hinauf zu einem alten, in einem Trog verlaufenden Kanal, dem **Ancien Canal du Verdon,** vor dem wir uns nach rechts wenden. Unser Pfad biegt um eine Geländenase herum und senkt sich dann in die Schlucht des Verdon hinab. Fast auf Wasserhöhe führt ein

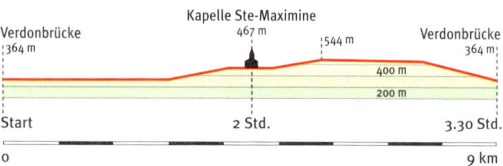

Durch die untere Verdon-Schlucht von Quinson

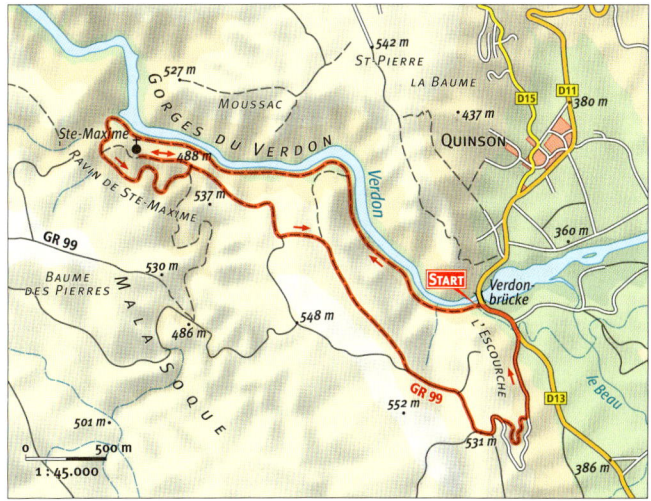

angebrachter Holzsteg um einen Steilfelsen herum. Danach geht es über Steinstufen wieder bergan, zurück zum alten Kanal. Der Pfad verläuft nun ein langes Stück parallel zu diesem, manchmal direkt auf der stellenweise recht schmalen Mauerung, manchmal rechts neben ihr. Der Weg ist hier und da durch ein Eisengeländer gesichert, das allerdings in bedenklichem Zustand ist und größere Lücken aufweist. Im Zweifelsfall sollte man sich nicht darauf verlassen, dass es hält. Immer wieder genießt man schöne Ausblicke in die Schlucht mit dem träge dahinfließenden Verdon. Er hat mehr Strömung als es die glatte, stille Wasserfläche erwarten ließe. Wer sich mit einem Sprung ins kühle Wasser zwischendurch erfrischen will, sollte dies beachten.

Nach ca. einer halben Stunde zweigt nach links ein ebenfalls gelb markierter Pfad zum Plateau Mala Soque ab. Wir bleiben aber auf dem Kanalpfad geradeaus, der gleich wieder ein Stück auf schmaler Mauer verläuft und sich dann, hinter einer kurzen Steintreppe, ganz zum Flussufer hinabsenkt. Danach müssen wir eine angebrachte und inzwischen gut befestigte kurze Eisenleiter hinaufsteigen. 50 m danach wendet sich unser Pfad scharf nach links und erreicht wieder die Kanalmauerung. Es folgt nochmals ein etwas exponierter Abschnitt auf der schmalen Mauer, nach dem ein **Häuschen** rechts neben dem Kanal erreicht wird (1.15 Std.).

Über eine Eisenleiter steigen wir nur in den Kanal hinab, der hier in einem **Tunnel** verschwindet. Wir durchwandern die etwa 150 m lange Röhre, wobei eine Taschenlampe gute Dienste tut. 30 m hinter dem Tunnelausgang geht es auf einer Leiter nach links wieder aus dem Kanaltrog hinaus. Wir folgen dann dem Pfad, der vom Fluss weg nach Süden in den Taleinschnitt hineinleitet. Er verläuft mäßig ansteigend im Schatten eines dichten Buchsbaum- und Steineichenwaldes auf dem Grund der kleinen Kalkschlucht des **Ravin de Ste-**

Maxime. Nach etwa 10 Min. gabelt sich der Pfad. Die gelbe Markierung weist nach links; schöner, weniger steil, allerdings etwa 15 Min. länger ist der unmarkierte Pfad geradeaus. Er verläuft weiter durch das schluchtartige, stille, von hellen Kalkfelsen gesäumte Tal. An dessen Ende treffen wir auf einen Querweg, den rot-weiß markierten GR 99. Wir biegen nach links. Der GR steigt 3 Min. kräftig zu einem Querpfad auf der Höhe an . Nach links führt der nun wieder gelb markierte Pfad in etwa 10 Min. über den Höhenrücken hinauf zur **Kapelle Ste-Maximine** (2 Std.). Das Wallfahrtskirchlein selber ist nicht weiter interessant. Der mit Buschwerk bestandene Felsrücken links hinter dem Gebäude ist jedoch ein schöner Rast- und Picknickplatz mit Blick auf die zuvor durchwanderte untere Verdonschlucht.

Auf gleichem Weg wandern wir zurück zur Einmündung des GR 99, dem nun geradeaus gefolgt wird. Der bequeme Pfad verläuft im Schatten der Steineichen parallel zum Verdon leicht bergauf nach Osten. Bei einem Gebetswinkel wendet er sich in mehr südliche Richtung und erreicht 5 Min. später eine unscheinbare Ruine linker Hand, bei der ein breiter Fahrweg beginnt. Wir nehmen diesen nicht, sondern biegen nach links auf einen an den Mauerresten vorbeiführenden Pfad. Der angenehme ebene Weg führt durch ein Wäldchen zu einem Steinmann bei einem Querpfad. Wir wenden uns nach rechts. Wir wandern nun über das **Plateau von Malasoque** mit der Garriguevegetation aus Wacholder, Steineichen, Pinien, Rosmarin und Thymian. Der Weg unterquert eine Stromleitung, verbreitert sich etwas und trifft auf einen Fahrweg.

Wir folgen diesem durch offene Landschaft nach links, ignorieren 5 Min. später einen ersten Abzweig nach links. Nach weiteren 5 Min. biegen wir nach links in einen breiten Querweg, den wir 100 m weiter wieder nach links verlassen. Auf schmalem, stellenweise sehr steinigem Weg geht es nun mit einigen Kehren bergab Richtung Verdontal, wobei der neu angelegte Hauptfahrweg zweimal gekreuzt wird. Dabei bieten sich anfangs weite Ausblicke über den Verdonsee von Quinson zu den fernen Bergen der provenzalischen Alpen. Zuletzt ein Stück auf dem Fahrweg wandernd gelangen wir zur D 13 und dem **Ancien Canal du Verdon.** Ein parallel zum Kanal verlaufender Pfad führt uns nach wenigen Minuten zurück zum **Ausgangspunkt** bei der Verdonbrücke (3.30 Std.).

Beim Eingang der Basses Gorges

Felstürme über dem Bergsee

Im Westteil der Verdonschlucht

Der träge dahinfließende Verdon wirkt im Westteil der Schlucht mit seiner glatten Wasserfläche eher wie ein friedlicher See im Hochgebirge. In den darüber liegenden Felsen verstecken sich kleine Wasserfälle und verwunschene Höhlen.

DIE WANDERUNG IN KÜRZE

Anspruch: ++

Gehzeit: 3.45 Std.

Länge: 7 km

Charakter: Schluchtwanderung auf gut zu gehenden schmalen Pfaden; eine kurze durch ein Halteseil gesicherte Felspassage verlangt eine gewisse Trittsicherheit, dürfte aber auch für den Normalwanderer keine besondere Schwierigkeit bedeuten.

Wanderkarte: IGN Série bleue 3442 OT, 1 : 25 000

Einkehrmöglichkeit: Keine

Anfahrt: Mit dem Kfz: Von Moustiers-Ste-Marie auf der D 952 Richtung La Palud-sur-Verdon. Nach dem Abzweig der D 957 Richtung Aiguines beginnt die D 952 mit Blick auf den Lac de Ste-Croix anzusteigen. Bei der Belvédère de Galetas hat man einen ersten eindrucksvollen Blick in die Schlucht. Einen guten Kilometer weiter steht rechts an der Straße ein Häuschen mit rotem Ziegeldach, das Maison Cantonnière (Parkmöglichkeit), wo der Weg beginnt.

Vom **Maison Cantonnière** folgt man zunächst für 5 Min. der Straße Richtung La-Palud-sur-Verdon. In der ersten deutlichen Linkskurve steigt man 20 m nach rechts die Böschung hinab und biegt vor einem Aussichtsfelsen nach links auf einen Querpfad (gelber Balken). Dieser senkt sich 10 Min. Richtung Schluchtgrund und steigt dann kurz nach links steil an. Danach geht es mit mäßiger Steigung den Hang hinauf. Beim **Col d'Olivier** trifft man wieder auf die D 952 (40 Min.).

Kurz vor der Straße weist ein Holzschild »Circuit des Pêcheurs« nach rechts. Man nimmt diesen weiter durch gelbe Balken markierten Pfad, der sich nach 30 m verzweigt. Man wendet sich auf den Abzweig ganz links. Zwischen Eichen geht es an einer Ruine 30 m linker Hand vorbei, steil bergab Richtung Schluchtgrund. Nördlich türmen sich die senkrechten Kalkwände der Falaise de Mayreste auf. Mit einigen Kehren geht es in den Graben des **Ravin du Brusc,** der im Rechtsbogen durchquert wird.

Danach führt der Pfad mit kurzem Gegenanstieg um die Flanke einer felsigen Kuppe herum. Beim Ende des Anstiegs gelangt man zu einem Aussichtsplatz mit herrlichem Blick

Im Westteil der Verdonschlucht

in die wilde Schluchtlandschaft des Verdon. Danach senkt sich der Pfad unter hohen Felsen. Bei der folgenden Gabelung (1.20 Std.) hält man sich rechts. (Der einladende Abzweig links endet nach 15 Min. am Fluss).

Anfänglich im Schatten des Waldes geht es nun in nordwestliche Richtung stetig bergab. In einer Linkskurve muss dem Pfad geradeaus gefolgt werden. Schließlich gelangt man fast auf die Höhe des Flusses. Der Pfad folgt nun dem **Ufer des Verdon,** der hier durch den Rückstau des Lac de Ste-Croix breit und träge dahinfließt. Über einen gegen das Ufer vorgeschobenen Felsbuckel muss man etwas mühselig hinüberkraxeln, wobei ein angebrachtes Halteseil Hilfestellung gibt. (Bei sehr niedrigem Wasserstand kann man den Fels auch unten herum passieren.)

Auf wieder einfach zu gehendem Pfad folgt man dahinter weiter dem Ufer des Verdon. Nach einem Wegstück in dichtem Buchsbaumwald wird ansteigend ein Querpfad erreicht. Der Abzweig nach links führt auf einem kurzen Abstecher nach 50 m zu einem schönem Platz unter Bäumen, wo sich ein Bach mit einem kleinen **Wasserfall** (2.30 Std.) über eine Felsstufe ergießt (Achtung! Der Pfad hierher führt einige Meter ungesichert unmittelbar am Rand eines senkrecht abfallenden Felsens entlang!).

Der gelb markierte Weiterweg führt nach rechts parallel zum Bach ansteigend von der Schlucht weg. Nach 50 m lohnt ein zweiter kurzer Abstecher nach links zum Bach, der hier über einem rostroten Felsen einen weiteren kleinen Wasserfall bildet. Nach dem Abzweig hierher wendet sich der Pfad nach rechts in mehr südöstliche Richtung, um 200 m weiter nach links auf das Grasplateau unterhalb des Maison Cantonnière hinaufzuführen. Zuletzt kurz steiler ansteigend erreicht man den Ausgangspunkt an der D 952.

Gegenüber dem **Maison Cantonnière** folgt man nun dem schräg am Hang ansteigenden Pfad, der mit einem Schild »Camping Sauvage Interdit« versehen ist. Nach 3 Min. gelangt man auf eine Hangstufe. Linker Hand in 50 m Entfernung rieselt das Wasser eines Baches über einen rötlich verwitterten Felsen.

Im Linksbogen geht es auf die Hangstufe oberhalb des Felsens, dann über den Bach hinweg leicht rechts in ein Wäldchen hinein, wo sich der Pfad gabelt (3.10 Std.). Man geht rechts. 50 m weiter führt der Pfad unmittelbar rechts an einem weiteren kleinen **Rieselwasserfall** vorbei. Der zuvor überquerte Bach ergießt sich mit feiner Gischt über eine 20 m hohe Geländestufe. Dahinter folgt ein Wegstück im Kiefernwald. Bei der folgenden Gabelung biegt man nach links, gelangt mit einem weiteren Linksbogen noch eine

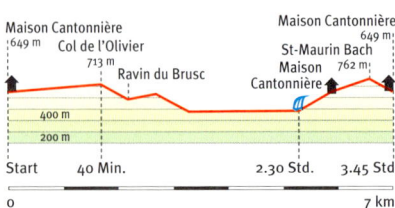

Im Westteil der Verdonschlucht

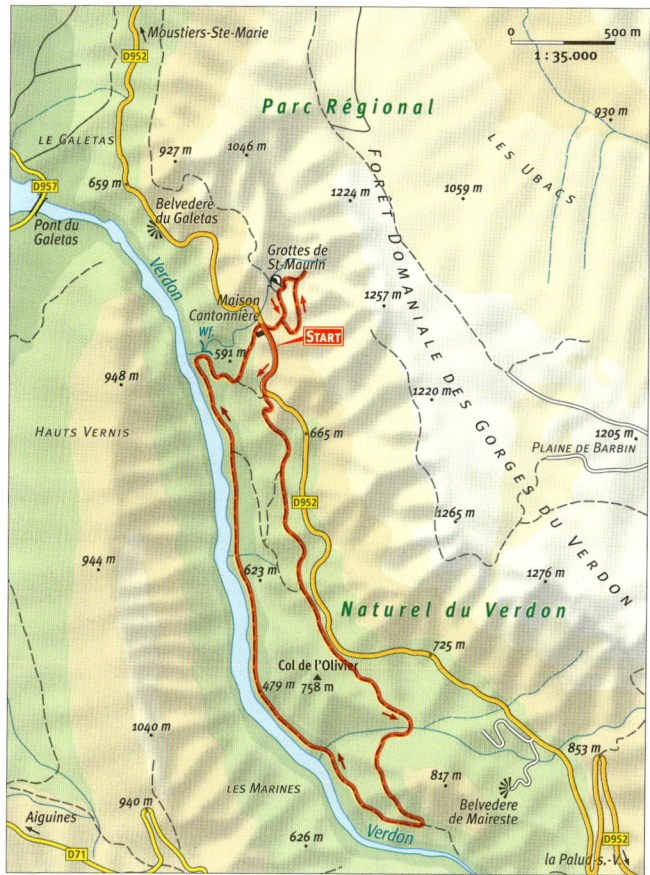

Etage höher auf eine Hangstufe, über der sich rechter Hand die Steilwände der Falaise de St-Maurin auftürmen. Der Pfad führt eben links an einer Eremitengrotte mit winziger Felskapelle vorbei. 100 m weiter wird ein Querpfad erreicht; ein Abstecher nach rechts führt 50 m durch ein Wäldchen zum St-Maurin-Bach, der im Schatten der Bäume kleine türkisfarbene Tümpel bildet.

Nach links führt der Querpfad nach etwa 50 m über einen Felsblock hinweg. Hinter diesem biegt man nach links auf einen alten Pfad, der ein kurzes Stück eingesunken hinter einem niedrigen Steinwall verläuft. Danach geht es mit einem Rechtsbogen zu einer großen **Grotte** bei einem Felsüberhang, unter dem alte Ruinenmauern stehen.

Wie die lokalen Chroniken von Moustiers-Ste-Maries berichten, sollen im Mittelalter die Höhlen von St-Maurin ein Fluchtpunkt der verfolgten Templer-Gemeinschaft gewesen sein. Nach dem Verbot durch den Papst 1312 zogen sie sich zu Teilen in

Im Westteil der Verdonschlucht

die unzugängliche Haute-Provence zurück. 50 m nach den Grotten wendet der Pfad eine Kehre nach links und trifft auf den Hinweg, dem man zurück zum **Ausgangspunkt** folgt (3.45 Std.).

Die Gorges du Verdon

Europas tiefste Kluft

Auf dem Sentier Martel durch die Verdon-Schlucht

Die Gorges du Verdon zeigen ein faszinierendes Schauspiel imposanter Kalkformationen, enger Flußdurchlässe, malerischer Windungen und steil abstürzender Wände. Der ›Grand Canyon‹ lässt sich auf dem bekannten ›Sentier Martel‹ zu Fuß erkunden.

DIE WANDERUNG IN KÜRZE

+++
Anspruch

5.30 Std.
Gehzeit

13 km
Länge

Charakter: Trotz der wilden Felsszenerie nicht übermäßig schwierige und anstrengende Wanderung; Trittsicherheit ist erforderlich; Personen mit ausgeprägter Höhenangst sollten die Tour nicht unternehmen; steinige Pfade, z. T. über Felsstufen; langer Abstieg über eine steile Eisenleiter; gegen Ende der Wanderung ein langer Tunnel, in dem nach starken Regenfällen Wasser stehen kann

Markierung: Die gesamte Tour folgt dem rot-weiß markierten GR 4.

Ausrüstung: Unerläßlich sind gutes Schuhwerk und eine Taschenlampe für die Tunnelpassage. Man sollte auch Trinkwasser, ausreichend Lebensmittel und einen Regenschutz mitnehmen. Bei einem Unfall kann Hilfe erst nach längerer Zeit kommen, ein vorzeitiger Ausstieg aus der Schlucht ist nicht möglich.

Wanderkarte: IGN Série bleue 3442 OT, 1 : 25 000

Einkehrmöglichkeiten: Imbiss in Chalet de la Maline (nicht ganzjährig); Restaurant/Bar beim Point Sublime; unterwegs keine

Anfahrt: Der **Bus** auf der Linie Aix–Moustiers–La Palud–Castellane verkehrt nur ein- bis dreimal pro Woche. Allerdings ist der **Taxidienst** zuverlässig und auf Wanderer eingestellt. Taxi Rougon: Tel. 04 92 83 65 38, Taxi La Palud: Tel. 04 92 74 68 20; Fahrt Point Sublime–Les Malines: ca. 30,– DM, Point Sublime–La Palud: ca. 15,– DM

Von der Schutzhütte **Chalet de la Maline** verläuft der Weg zunächst rechts unterhalb der Straße (GR 4). Man geht im Bogen um einen Taleinschnitt, dann steil hinab in die Schlucht, gelegentlich über Felsstufen. Nach ca. 50 Min. erreicht man im Schluchtgrund einen Querweg und biegt nach links. Der Pfad senkt sich zum Fluss, verläuft dann eben unter hohen Felswänden. Das Tal öffnet sich, der Pfad steigt leicht an, führt dann z. T. über Fels und Geröll. Ein kurzer, steiler Abstieg über einen

Auf dem Sentier Martel durch die Verdon-Schlucht

kahlen Hang folgt; 5 Min. danach erblicken wir links die große **Grotte Baume aux Bœufs**. Bei einer Gabelung hier links aufwärts gehen. Der Weg steigt knapp 10 Min. an, senkt sich etwas und gabelt sich. Auf einem schönen, knapp halbstündigen Abstecher nach rechts gelangt man zur **Mescla,** dem Zusammenfluss von Artuby und Verdon.

Der Hauptpfad geradeaus steigt über Steinstufen steil aufwärts zum Felsdurchlass der **Brèche d'Imbert** (2.30 Std., einschließlich Abstecher). Dem Wanderer bieten sich atemberaubende Blicke in die Tiefe der Schlucht; es folgt ein steiler Abstieg über eine lange Eisenleiter. Der Weg verläuft danach zunächst im Auf und Ab hoch über dem Flusstal, steigt dann, zum Teil steil, bis auf 20 m über dem **Verdon** ab (3.15 Std.). Nach weiterem Auf- und Abstieg folgt ein langes, angenehm zu gehendes Wegstück auf der Höhe über dem Fluß. Die Schlucht verengt sich wieder. Man passiert eine überhängende Felswand und durchquert dann zwei Tunnel, von denen der zweite über 600 m lang ist. Von der Tunnelstrecke kann man nach rechts durch ein Felstor und über eine Eisenleiter zum Schluchtgrund absteigen, den man bei der großen Höhle **Baume aux Pigeons** erreicht.

Am Ausgang des zweiten Tunnels führen Stufen, dann ein Pfad hinab zum Fluß. Auf einer **Brücke** überquert man den Seitenzufluss **Le Bau** (4.50 Std.), steigt über Steinstufen zu einem Parkplatz aufwärts. Am linken hinteren Ende des Parkplatzes nimmt man einen aufwärts führenden Pfad und geht bei einer Gabelung nach 100 m rechts, auf steinigem Pfad oberhalb der D 234. Nach links biegend, gelangt man zur Straße Castellane–Moustiers-Ste-Marie und 150 m weiter zur **Auberge du Point Sublime** (5.30 Std.).

Die Gorges du Verdon

Der Verdon, dessen Name sich von der grünlichen Färbung des Wassers ableitet, entspringt im Hochgebirge beim Lac d'Allos, durchfließt dann die beiden Stauseen von Castillon und Chaudanne und erreicht schließlich unterhalb von Rougon den berühmten ›Grand Canyon‹ mit seinen bis zu 450 m senkrecht aufragenden Steilwänden. Die Entstehung der ungewöhnlich tiefen Schlucht mit ihren Wänden aus harten Sedimentgesteinen gab den Geologen Rätsel auf, denn sie konnte nicht allein mit der erodierenden Kraft des Flußwassers erklärt werden. Man nimmt heute an, dass der Verdon bei Beginn der alpinen Auffaltung im Tertiär bereits als breiter Fluss in der Ebene vorhanden war. Später suchte er sich dann seinen Weg durch die bei der Alpenbildung entstehenden Bruchspalten, die er weiter auswusch und vertiefte, bis die Schlucht in ihrer heutigen Gestalt entstanden war.

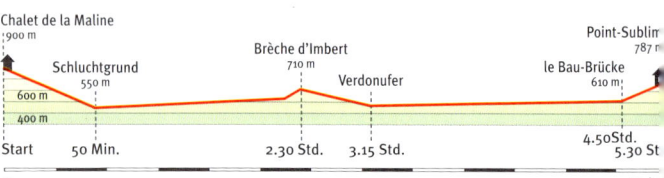

Auf dem Sentier Martel durch die Verdon-Schlucht

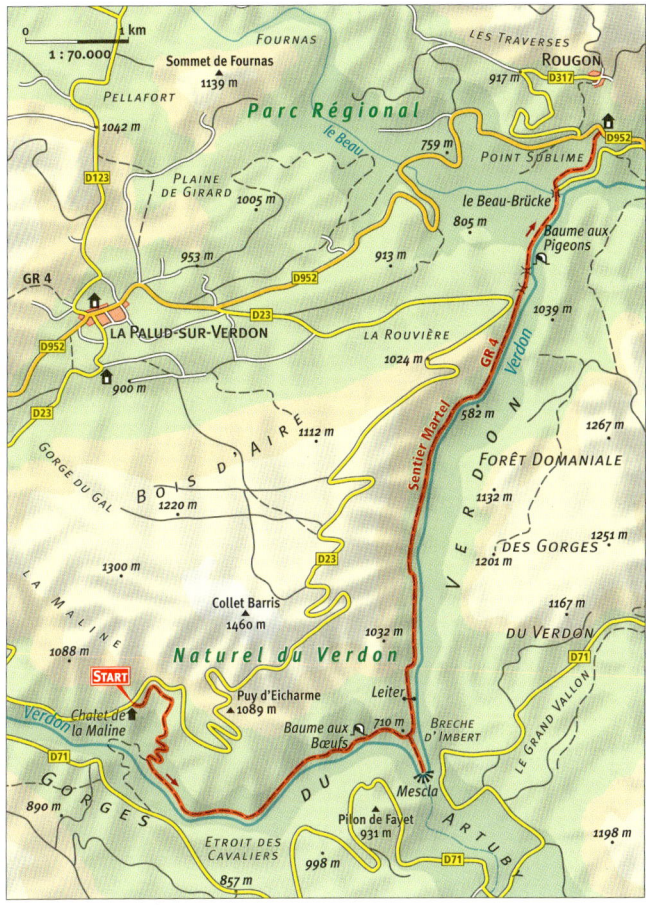

Durch die beiden Stauseen, von denen der Lac de Castillon 1947 als Erster fertiggestellt wurde, ist die einstmals zerstörerische Kraft des Flusses gebändigt worden. Er führt heute maximal 20 Kubikmeter Wasser pro Sekunde, während es vor der Regulierung nach der Schneeschmelze in den Bergen bis zu vierzigmal soviel war. Eine Vorstellung von der Wucht der Flutwellen früherer Zeiten bekommt man, wenn man vom Sentier Martel aus die vom Wasser aus dem Fels gewaschene, riesige Höhle Baume aux Pigeons betrachtet.

Durch die verminderte Schwankungsbreite der Wasserzufuhr ist man heute auf dem Sentier Martel nicht mehr durch plötzlich auftretendes Hochwasser gefährdet. Die Höhe des Wasserspiegels ist aber immer noch beträchtlichen Änderungen unterworfen, die abseits des Weges bedrohlich werden können.

Alpen im Abseits

Durch die provenzalischen Voralpen von Méailles nach Annot

Die unberührte Voralpenlandschaft der Haute-Provence liegt völlig abseits der gängigen Touristenrouten. Teilweise einer alten römischen Wegeverbindung folgend, gelangt man zum Bauernweiler Argenton. Dann geht es nach Aurent und durch die Kastanienwälder von Annot.

DIE WANDERUNG IN KÜRZE

+++
Anspruch

7.30 Std.
Gehzeit

770 m
Anstieg

Charakter: Wegen der Länge recht anspruchsvolle Wanderung; meist gut zu gehende Waldwege und Bergpfade. Auf einem kurzen Wegstück nach etwa einer halben Stunde Wanderzeit ist Trittsicherheit, die letzte halbe Stunde vor Aurent zusätzlich Schwindelfreiheit erforderlich; einfache Orientierung

Wanderkarte: Didier u. Richard, Blatt Nr. 19, 1 : 50 000

Einkehrmöglichkeiten: Einfache Buvette (Brot, Getränke) in Argenton

Anfahrt: Schienenbus der Provencebahn zwischen Annot und Méailles. Abfahrten täglich um 8.32, 10.50, 14,40, 18,52 Uhr, gut 10 Min. Fahrzeit auf schöner Bergstrecke

Vom **Bahnhof von Méailles** geht man zur Straße vor und biegt nach rechts auf einen ansteigenden Pfad (Markierung: gelber und roter Balken). Nach gut 5 Min. gelangt man ins Dorf. Hinter der Kirche passiert man eine Bar und wendet sich danach vor einer Brunnenanlage nach rechts. Man ist auf dem Sträßchen, das in Richtung Annot aus dem Dorf hinausführt. Hinter einem Bruchsteingebäude am Ortsrand zweigt man nach links auf einen Asphaltweg (Hinweis »Annot GTPA«), der bald südöstlich zwischen Wiesen etwas ansteigt. Beim Ende des Asphalts geht es rechts an einem neueren Haus vorbei, dahinter nach links zwischen knorrigen alten Eichen Richtung Berge. Bei einer Gabelung geht man rechts. Der Weg senkt sich an einer alten Scheune

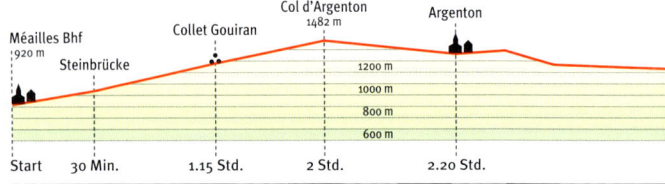

Durch die provenzalischen Voralpen von Méailles nach Annot

Der Wanderweg bei Argenton

vorbei zu einem Bach, der nach rechts auf einer schmalen **Steinbrücke** gekreuzt wird (30 Min.).

Danach steigt der Weg am Hang an und führt 3 Min. nach der Brücke über einen der für die Hochprovence typischen Erosionshang (provenzalisch *Robine),* wo etwas Aufmerksamkeit und Trittsicherheit gefordert ist. Insbesondere bei Nässe kann man hier leicht abrutschen. Dahinter beginnt ein langer Anstieg in herrlichem Mischwald, wobei einer uralten Wegverbindung gefolgt wird. Ein nach rechts Richtung »Le Fugeret« beschilderter Abzweig wird ignoriert. Nach einem kurzen ebenen Wegstück folgt ein kräftiger Anstieg am Südhang der Berge, stellenweise an alten Schichtmauern entlang. Bei einer Gabelung hält man sich links, passiert gleich darauf weiter ansteigend die Ruinen der **Häusergruppe Collet Gouiran** rechter Hand (1.15 Std.). Nach einem Wegstück durch einen Nadelwald mit großen Findlingsblöcken gelangt man zu einem Aussichtspunkt mit weitem Ausblick über das Tal von le Fugeret. Danach führt der Pfad ein Stück eben im Rechtsbogen durch eine Bachsenke. Nach erneutem Anstieg wird rechter Hand eine Berghütte passiert. Auf danach breiterem Weg wird schließlich der Fahrweg Annot-Argenton beim **Col d'Argenton** erreicht (2 Std.).

Man folgt dem breiten aussichtsreichen Weg leicht links abwärts (ohne Markierung), der nach etwa 15 Min. die **Häusergruppe le Tourel** rechter Hand passiert. 200 m weiter, 50 m hinter einem Bildstock links

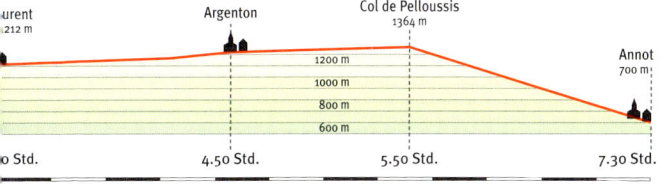

des Weges, steigt man vor einer Linkskurve schräg nach links 10 m die Böschung hoch, um einem auf einer Waldterrasse verlaufenden ebenen schwach ausgeprägten Weg zu folgen. Auf einer Höhenstufe bleibend, gelangt man zu einigen Häusern beim äußersten oberen Ortsrand von **Argenton** (2.20 Std.). Der teilweise noch bewohnte Weiler mit seinen bescheidenen alten Bauernhäusern aus Bruchsteinen liegt idyllisch zwischen Wiesen am sonnenbeschienenen Südosthang.

Man folgt Richtung beibehaltend dem vom Weiler kommenden Pflasterweg (Markierung: gelber Balken). Er verläuft ein Stück rechts von einer alten Schichtmauer dann hoch am Osthang über dem Tal. Etwa 10 Min. nach Argenton geht es für 20 m durch eine erdige Rinne, dahinter kurz auf alter Plasterung bergan zu einigen Wiesenterrassen. Der markierte Pfad führt hier nach links in den Wald hinein; man wendet sich jedoch nach rechts und steigt in leichtem Rechtsbogen die Wiesen hinab. Oberhalb einer steinigen, karg bewachsenen Hangfläche trifft man auf einen von Argenton kommenden Pfad, der ebenfalls durch gelbe Balken markiert ist. Man folgt ihm nach links. Auf ebenem Weg geht es im Wald um eine Hügelflanke herum in eine Waldsenke, wo im Rechtsbogen eine mit Geröll gefüllte Bachrinne passiert wird. 5 Min. später gelangt man zu einem Aussichtspunkt mit schönem Blick in die **Schlucht des Coulomps** (nicht trittsichere Wanderer sollten hier umkehren). Es folgt ein Wegstück unter Felsen hoch am Hang. Der Pfad senkt sich dann allmählich ins Tal. Die Überquerung eines kiesigen, abschüssigen Geröllhanges verlangt etwas Aufmerksamkeit. Danach folgen einige Serpentinen, ein bequem zu gehendes Wegstück, schließlich kurz vor Aurent eine etwas mühselig zu passierende weitere Geröllfläche. Auf einer **Brücke** kreuzt man den wild schäumenden **Coulomps**, gelangt leicht links ansteigend wenig später zu den wenigen Häusern von **Aurent** (3.40 Std.). Im vor zehn Jahren noch völlig verlassenen, nur zu Fuß zugänglichen Bergdorf wohnt inzwischen wieder eine Familie. Einige Häuser sind als Feriendomizil restauriert worden. Es gibt sogar einen Postbriefkasten, der laut Aufschrift einmal pro Woche geleert wird.

Auf gleichem Weg geht es zurück nach Argenton. Bei der steinigen, kargen Hangfläche 1 km nördlich des Ortes, wo man auf dem Hinweg den markierten Pfad erreicht hatte, steigt man jedoch nicht die Hangwiesen hinauf. Weiter den gelben Markierungen nach wird die Hangfläche im Linksbogen durchquert. (An dieser Stelle lag vermutlich eine antike Kultstelle; man hat hier eine kopflose Statue sowie einige Steinquader eines Römertempels aufgefunden.) Wenig später erreicht man auf gutem Weg die unteren Häuser von **Argenton,** wo eine Buvette zu einer Rast einlädt (4.50 Std.).

Man durchquert den Ort, nimmt ca. 50 m oberhalb des Kirchleins von Argenton den nach Süden ansteigenden breiten Weg. Bei einer Gabelung hält man sich links Richtung **la Béouge**. Vor den Häusern des Weilers zweigt man nach rechts auf einen Pfad, der bald im Linksbogen am Hang verläuft. Bei einigen undeutlichen Abzweigen folgt man dem Hauptpfad geradeaus. Er führt rechts an den zwei verlassenen Häusern von Haut Pelloussis vorbei und steigt danach im Wald

Durch die provenzalischen Voralpen von Méailles nach Annot

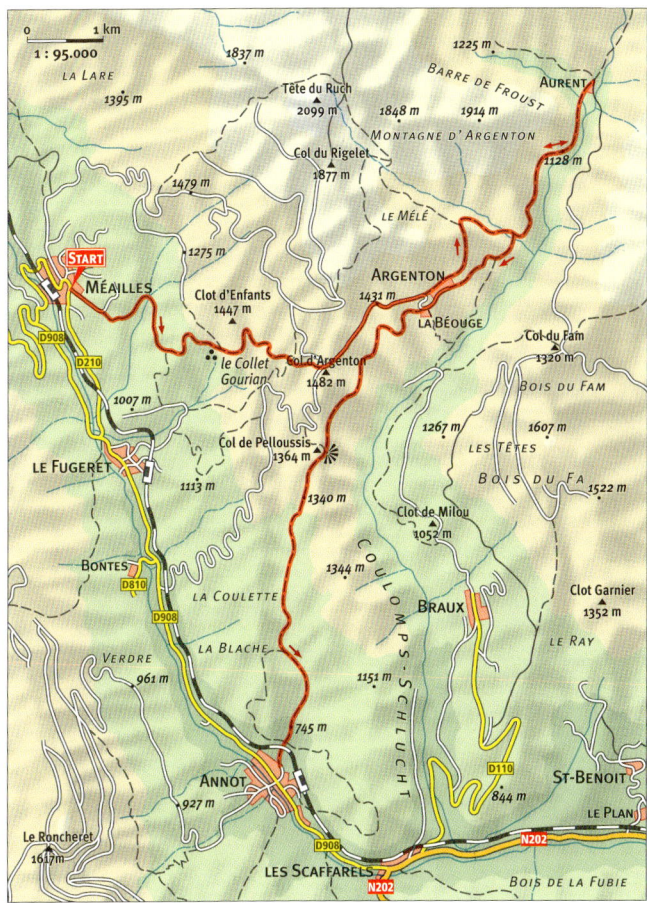

zur Passhöhe **Col de Pelloussis** an (5.50 Std.).

Von rechts mündet der gelb-rot markierte Fernwanderweg GTPA ein. Nach links führt ein Abstecher in 3 Min. zu einem **Aussichtsplatz** hoch über der Schlucht des Coulomps. Vorsicht! Der Pfad endet unvermittelt über einer senkrecht abfallenden Felswand! Zurück beim Abzweig nimmt man Richtung Annot den nach Süden absteigenden, durch gelb-rote Balken mar-

kierten schmalen GTPA-Weg. Er führt ein langes Wegstück durch die schönen Kastanien-, Eichen- und Buchenwälder von Annot. Dabei folgt man einer schon in römischer Zeit angelegten Route, von der sich hier und da Pflasterungsreste erhalten haben. Kurz vor Annot säumen große Sandsteinblöcke den Weg. Schließlich unterquert man ein Viadukt der Provencebahn und erreicht die ersten Häuser des **Zielortes Annot** (7.30 Std.).

Durch die Haute-Provence

In 4 Tagen von Riez über die Gorges du Verdon nach Castellane

Der besondere Reiz der entvölkerten Berg- und Schluchtlandschaft der Haute-Provence wird erst richtig erfahrbar, wenn man sich die Region auf einer mehrtägigen Wanderung erschließt. Der hier vorgeschlagene Weg verläuft in einem der am dünnsten besiedelten Landstriche Zentraleuropas. Stundenlang kann man wandern, ohne ein bewohntes Haus zu passieren oder einem Menschen zu begegnen; alle Orte am Weg zählen weniger als 2000 Einwohner. Nur die unmittelbare Umgebung der Gorges du Verdon ist von starkem touristischem Ausflugsverkehr geprägt. Die Kleinstädte und Dörfer am Weg weisen kaum Sehenswürdigkeiten im üblichen Sinne auf. Mit ihren verwinkelten alten Ortskernen, den bescheidenen romanischen Kirchen und ihrer Lage in einer teilweise bizarren Felsszenerie besitzen sie dennoch ihren eigenen Reiz.

Wanderkarte: Didier u. Richard Blatt 19, 1 : 50 000

Anfahrt: Nach Riez: Mo–Sa drei **Busse** auf der Linie Marseille–Aix–Gréoux–Riez; Abfahrten ab Marseille 8.30, 13.30, 16.10 Uhr vom Busbahnhof in der Nähe des Gare St-Charles (Hauptbahnhof); Abfahrt vom Busbahnhof in Aix (beim Hauptbahnhof) jeweils eine halbe Stunde später. So und an Feiertagen keine Fahrten; **Rückfahrt: Busverbindungen ab Castellane:** täglich mit VFD Autocars um 9.10 Uhr nach Digne/Grenoble und um 14.25 nach Nizza. Werktags um 10.40 und 17.40 nach Saint-André-les-Alpes mit Anschluss nach Digne oder Nizza mittels der Schmalspurbahn Chemin de Fer de Provence. Nach Riez–Aix–Marseille ganzjährig nur ein Bus am Sa gegen 12 Uhr. Vom 1.7. bis 15.9. zusätzlich auch am Mo und Mi; von Digne täglich 6 Verbindungen nach Aix, entweder mit Direktbus, oder mit Umsteigen am Bahnhof von Château-Arnoux–St-Auban an der Bahnlinie Gap–Sisteron–Marseille

Unterkunft: 04500 Riez:
Hotel Carina**, Tel. 04 92 77 85 43
04360 Moustiers-Ste-Marie:
Le Relais**, Tel. 04 92 74 66 10;
Le Belvédère**, Tel. 04 92 74 66 04;
Le Colombier**, Tel. 04 92 74 66 02;
Gîte d'Etape Les Cavaliers du Verdon, Tel. 04 92 74 69 47;
Camping Saint-Jean***, Tel. 04 92 74 66 85;
Camping Maynasse**, Tel. 04 92 74 66 71
04120 La-Palud-sur-Verdon:
Des Gorges du Verdon***, Tel. 04 92 77 38 26;
Le Provence**; Tel. 04 92 77 38 88;
Auberge des Crêtes*, 1,5 km östlich außerhalb, Tel. 04 92 77 38 47;
Gîte d'Etape L'Etable, Tel. 04 92 77 30 63;
Jugendherberge (Auberge de Jeunesse), oft ausgebucht, Tel. 04 92 77 38 72;
Camping Le Trait d'Union**, Tel. 04 92 77 38 72
04120 Rougon-Point Sublime:

In 4 Tagen von Riez über die Gorges du Verdon nach Castellane: 1.Tag

Auberge du Point Sublime**,
Tel. 04 92 83 60 35
04 120 Villars-Brandis:
Gîte d'Etape, Tel. 04 92 83 61 82
04 120 Castellane:
Hotel du Commerce***,
Tel. 04 92 83 61 00;
Du Levant**, Tel. 04 92 83 60 05;
Ma Petit Auberge**,
Tel. 04 92 83 62 06;
Hotel du Roc**, Tel. 04 92 83 62 65;
Auberge Bon Accueil*,
Tel. 04 92 83 62 01;
Gîte d'Etape L'Oustaou,
Tel. 04 92 83 77 27;
Gîte d'Etape Au Soleil Levant,
Tel. 04 92 83 70 82;
Etwa 10 Campingplätze im Verdontal westlich von Castellane

Etappen

Der Weg ist am besten in vier Tageetappen zurückzulegen – soweit man im Hotel übernachten will, ergeben sich keine Variationsmöglichkeiten.

1. **Tag:** Riez – Moustiers-Ste-Marie (5.30 Std.)
2. **Tag:** Moustiers-Ste-Marie – La-Palud-sur-Verdon (6.30 Std.)
3. **Tag:** Von La-Palud-sur-Verdon zum Point Sublime (5.30 Std.; =Wanderung 33)
4. **Tag:** Point Sublime – Castellane (5.30 Std.)

1. Tag

Von Riez nach Moustiers-Ste-Marie

Über einsame Hochflächen, vorbei an ausgedehnten Lavendel- und Getreidefeldern wandert man nach Osten. Der Wind ist überall spürbar, fast wie am Meer, die näher rückenden Kalkberge über den Gorges du Verdon geben der Landschaft etwas Monumentales: Die Atmosphäre der Giono-Romane wird sinnlich erfahrbar. Der Weg ist nicht immer abwechslungsreich, aber dennoch eindrucksvoll – besonders schön, wenn die Kornfelder sich färben oder im Hochsommer der Lavendel blüht.

Dauer: 5.30 Std.

Anstieg: 550 m

Charakter: Bis auf die Länge problemlose Route ohne harte Anstiege; schattenlose Wege

Einkehrmöglichkeit: Unterwegs keine, es sei denn, man macht einen ca. 20-minütigen Umweg über Puimoisson, wo es eine Bar gibt

In **Riez** geht man vom Hôtel des Alpes 50 m in nördliche Richtung. Die Hauptstraße in Richtung Manosque biegt nach links; man geht jedoch weiter geradeaus, an einem Brunnen vor dem Stadttor vorbei, dann aufwärts in der kleinen Rue de l'Horloge. Nach einigen Treppen hält man sich bei einem Quersträßchen links, biegt 10 m weiter nach rechts in den zum Glockenturm ansteigenden Weg. Hier biegt man nach links auf ein Sträßchen, das bald endet. Auf steinigem Weg geht man rechts am Friedhof vorbei aufwärts. Man steigt in Kurven mit Blick auf das Tal von Riez an und gelangt zur Kirche **St-Maxime** (20 Min.).

Man geht auf dem hinter der Kirche beginnenden Sträßchen weiter. Bei einer Gabelung nach 5 Min. hält man sich rechts. Die Asphaltierung endet (Markierung ab hier: GR 4).

In 4 Tagen von Riez über die Gorges du Verdon nach Castellane: 1. Tag

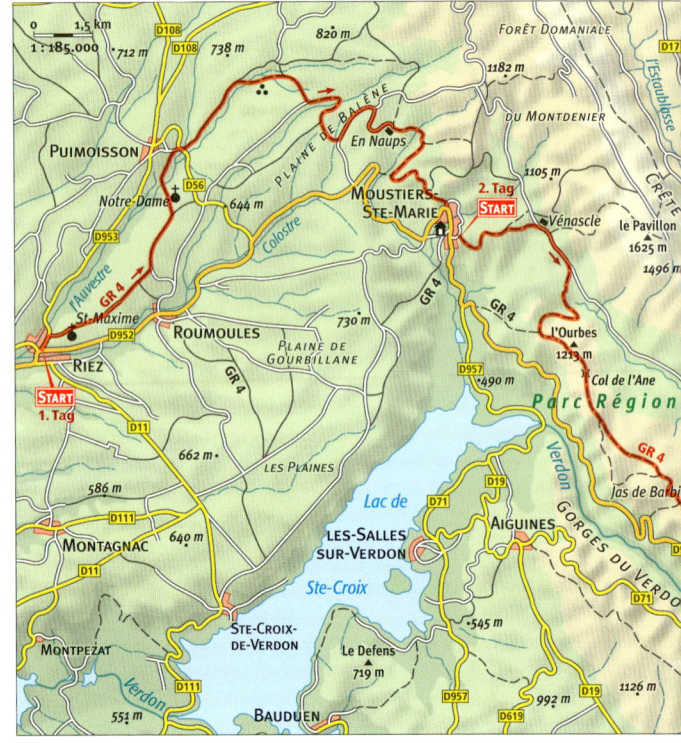

Auf einem Fahrweg überquert man eine einsame Hochfläche mit Lavendelfeldern und Eichenwald. Nach einer knappen Stunde ab Riez zweigt der GR nach rechts in Richtung Roumoules; man geht indes geradeaus weiter (ohne Markierung). Bei der Gabelung 5 Min. später nimmt man links den Feldweg. Dieser biegt nach rechts und stößt auf einen breiten Querweg, dem man nach links (nordöstlich) folgt (breiter Weg über offene Weiten).

Man passiert ein Wäldchen linker Hand; bei der Gabelung darauf (1.20 Std.) links gehen. Der Weg steigt etwas an, wendet sich in nördliche Richtung, wobei sich ein weiter Blick nach Osten ergibt, und passiert im Wald die **Kapelle Notre-Dame** rechter Hand.

In der folgenden Rechtskurve geht man geradeaus auf einem Waldweg abwärts. Nach einigen Serpentinen im Wald folgt ein Wegstück zwischen Feldern. Unterhalb von Puimoisson kreuzt man die **Auvestre** (1.45 Std.). Der Weg steigt an, die Asphaltierung beginnt. Hinter einer kleinen Kläranlage zweigt man nach rechts auf einen Fahrweg. Auf ebenem Weg gelangen wir in 15 Min. zur Straßengabelung D 56/D 256. Wir biegen nach links auf die D 56, die breitere der beiden Straßen, und zweigen sofort nach rechts in einen Feldweg (Markierung: orangefarbener Balken).

In 4 Tagen von Riez über die Gorges du Verdon nach Castellane: 1. Tag

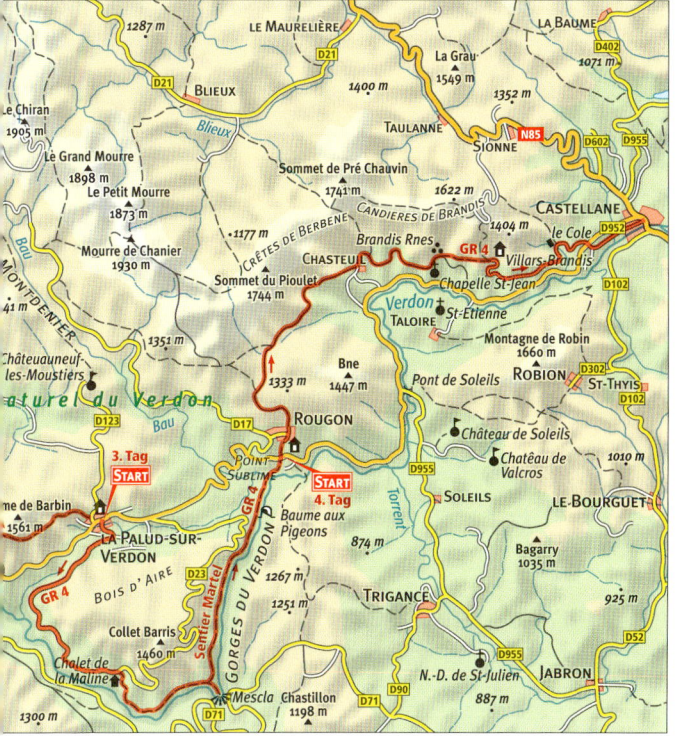

Bei einem Querweg 10 Min. darauf links gehen und bei der Gabelung 100 m weiter den rechten Weg nehmen. Man bleibt jetzt ein langes Stück im Tal der Auvestre. Bei zwei Abzweigen nach rechts dem Weg geradeaus folgen. Das Tal verengt sich, die Vegetation wird dichter. Der Weg kreuzt die Auvestre. Man geht noch ca. 150 m parallel zum Bach linker Hand, zweigt dann bei einem Seitenbach nach rechts auf einen etwas undeutlichen Feldweg (2.40 Std., ohne Markierung; der markierte Weg läuft 100 m weiter auf die Ruinen von Les Allès zu).

Der Weg biegt gleich etwas nach rechts zum Waldrand, wo ein deutlicherer Waldweg beginnt, dem man aufwärts folgt. Nach gut 10 Min. Anstieg gelangt man zu einer offenen Hochfläche **Plaine des Jalles**. Der Weg führt undeutlicher werdend an einem Waldsaum rechter Hand entlang. An dessen Ende biegt man nach rechts, wendet sich 20 m weiter nach links. Auf undeutlichem Weg zwischen großen Feldern überquert man die Ebene in Richtung auf das Colostre-Tal; rechter Hand befindet sich ein Segelfluggelände. Man passiert zwei einzeln stehende Bäume, dann einen winzigen Kiefernhain am Wege.

Kurz darauf biegt man vor einem Feldrand nach links, geht zu einem Buschsaum abwärts, wendet sich hier nach rechts aufwärts und ge-

In 4 Tagen von Riez über die Gorges du Verdon nach Castellane: 1. Tag

Auf dem Plateau de Valensole bei Riez

langt zu einem Fahrweg (einige Meter ohne Weg). Nach kurzem Anstieg auf dem Fahrweg trifft man auf einen Querweg, biegt nach rechts und erreicht 50 m weiter den Rand des **Colostre-Tals** (3.15 Std.).

Man biegt hier scharf nach links und nimmt bei der Gabelung kurz darauf den rechten Weg, der zum Colostre-Tal absteigt. Im Talgrund wendet man sich nach rechts und steigt aus dem Tal hinaus. Man gelangt erneut zu einer Lavendelebene (**Plaine de Balène**) und folgt einem leicht absteigenden Feldweg in südöstliche Richtung; in Wegrichtung blickt man auf die Felskanten über Moustiers. Der Weg biegt dann in östliche Richtung, führt durch eine kleine Senke und trifft nach kurzem Anstieg auf eine Piste; man geht links in nordöstliche Richtung leicht ansteigend. Bei der Gabelung knapp 10 Min. darauf (3.50 Std.) biegt man nach rechts. Man folgt einem ebenen, breiten Fahrweg nach Osten, der zu einem Hochtal mit einigen Häusern zwischen Wiesen und Feldern führt (**En Naups,** 4.20 Std.). Nach Osten bietet sich ein weiter Blick zu den Bergen über den Gorges du Verdon.

Man bleibt hier auf dem oberen Fahrweg, der eine Rechtskurve beschreibt und sich zu einem Bauernhaus senkt. Man geht rechts am Gebäude vorbei (Markierung: gelber Balken) und nimmt dahinter einen undeutlichen Feldweg, der an einem Buschsaum entlang zum Waldrand führt. Auf einem deutlichen Weg geht man im Kiefernwald abwärts. Im Tal passiert man ein Grundstück rechter Hand. Der Weg läuft dann auf die D 952 zu; kurz vor der Straße kreuzt man nach links einen Querweg, folgt einem undeutlichem Pfad im Wald (gelbe Markierung) und überquert einen Bach. Der markierte Pfad wendet sich etwas in südöstliche Richtung, steigt dann nach links biegend im Wald an.

Nach ca. 20 Min. Anstieg erreicht man die offene Höhe. Auf einem schönen Pfad durch die Garrigue mit Ginster und Wacholder, dann durch Nadelwald miteinigen Zedern, zuletzt an einem Ölbaumhain entlang, erreicht man das in einer bizarren Felsszenerie gelegene **Moustiers-Ste-Marie** (5.30 Std.)

Riez

Das angenehme Provinzstädtchen am Rande des Plateau de Valensole hat 1750 Einwohner und lebt unter anderem vom Lavendelanbau, der auf den umgebenden Hochebenen großflächig betrieben wird.

Die Römer gründeten hier die Kolonie Reia Apollinaris, die bald zu einem wichtigen Gemeinwesen der römischen Provinz Gallia Narbonensis anwuchs. Aus dieser Zeit findet man noch vier aufrecht stehende Säulen, die westlich des Ortes auf freiem Feld aufragen und vermutlich einst zu einem Tempel gehörten.

Die Bedeutung der Ansiedlung blieb auch in christlicher Zeit erhalten. Im 5. Jh. wurde Riez Bischofssitz, der erst mit der Französischen Revolution aufgelöst wurde. Aus der Zeit des frühen Christentums ist ein kleines Baptisterium erhalten, das auf den Anfang des 5. Jh. datiert wird und somit als einer der ältesten christlichen Sakralbauten Frankreichs gilt.

In der kleinen Altstadt von Riez, die sich zwischen den beiden mittelalterlichen Stadttoren Porte Aiguière und Porte St-Sols (14. Jh.) erstreckt, findet man entlang der Hauptstraße, der Rue Droite, einige ältere Wohnhäuser aus der Renaissance.

Auf dem Hügel östlich von Riez liegt die Kirche St-Maxime. Man vermutet, dass sich an dieser Stelle in vorrömischer Zeit der Hauptsitz des keltischen Stamms der Albici befand. Das römische Riez wurde dann unter Augustus in der Ebene, an der Kreuzung mehrerer Straßen, errichtet. Im Mittelalter wurde der Hügel erneut besiedelt. Die heutige Kirche stammt von 1662; im Chor sind antike Säulen eingebaut.

2. Tag

Von Moustiers-Ste-Marie nach La-Palud-sur-Verdon

Bei Moustiers ist der Rand des Gebirges erreicht, das am ersten Wandertag langsam näher rückte. Der Weg führt nun mit langem Anstieg auf aussichtsreichen Wegen in die Berge hinein, bis auf 1300 m Höhe, über Hochflächen und Kammwege am Rande der Verdonschlucht, die bald hinter Moustiers-Ste-Marie beginnt.

Dauer: 6.30 Std.

Anstieg: 900 m

Charakter: lange, anstrengende Wanderung mit diversen Anstiegen; einfache Orientierung

Einkehrmöglichkeit: Unterwegs keine

In **Moustiers-Ste-Marie** geht man an Post und Mairie (Bürgermeisteramt) vorbei zum Friedhof südlich des Ortes. Man nimmt hier den oberhalb des Friedhofs beginnenden Chemin de Courchon (Markierung: gelber Balken). Der steinige Weg – eine alte Römerstraße – steigt in Kurven mit Blick auf den Ste-Croix-See an (ca. 45 Min. Anstieg). Auf der Höhe führt der Weg durch eine Senke und steigt nochmals etwas an.

Bei einer Gabelung geht man rechts, in Richtung Venascle (beide Wege sind gelb markiert). Man gelangt zu einer Piste (1.15 Std.), an der man sich nach rechts wendet. Linker Hand erblickt man in einiger Entfernung das große Anwesen **Venascle.** Nach ca. 20 Min. auf der Piste münden von links von einer Ruine kommende Fahrspuren ein; man zweigt hier nach rechts auf einen Pfad oberhalb eines Bacheinschnittes rechter Hand. Der Pfad senkt sich zum Talgrund. Man geht einige Meter im in der Regel trockenen Bachbett, nimmt dann einen ansteigenden Waldpfad. Ca. 25 Min. Anstieg in Serpentinen folgt; man gelangt zu einem lichten Eichenwald (2.15 Std.), geht auf einem Graspfad – linker Hand steht eine Ruine – etwas nach rechts biegend, zu einem Waldweg, dem man in westlicher Richtung folgt. Man erreicht einen Querweg, den **GR 4,** am Rand der Höhenstufe; ein weiter Blick eröffnet sich zum Plateau de Valensole (2.30 Std.).

Man biegt nach links, folgt jetzt dem GR 4. Einem weiteren längeren Anstieg am Rande der Steilkante zu einer Kuppe (Ourbes) schließt sich

Blick auf Moustiers-Ste-Marie

In 4 Tagen von Riez über die Gorges du Verdon nach Castellane: 2. Tag

ein Abstieg zum **Cole de l'Ane** an (3.30 Std.). Der Weg steigt erneut für 10 Min. an; man erreicht einen Aussichtspunkt mit Blick bis zur Montagne Ste-Victoire im Südwesten und zum Luberon im Westen. Es folgt ein Wegstück im Wald; sobald der Pfad den Wald verlässt, steigt man wenige Meter nach rechts querfeldein zum Grat, von wo man einen schönen Blick auf den Ausgang der Verdon-Schlucht hat. Der GR verläuft am Hang mit freiem Blick nach Norden und Osten, dann durch ein ausgedehntes Waldgebiet.

Auf dem Waldweg gelangt man zu einem breiteren Fahrweg (4.25 Std.) und biegt nach links. Der Weg senkt sich und beschreibt eine Rechtskurve. Gleich darauf zweigt man nach links in einen schmaleren Weg. Dieser kreuzt nach 150 m den breiten Fahrweg und steigt an. Es folgt nochmals ein längeres Wegstück im Wald. In einer großen Linkskurve zweigt man nach rechts auf einen schmaleren Weg (5 Std.), links ist eine Hausruine, **Jas de Barbin,** zu sehen. Man steigt zu einem Querweg (5.30 Std.) an, hält sich rechts und erreicht gleich darauf einen Pass, mit 1380 m den höchsten Punkt des Weges.

Der Pfad verläuft dann am Hang mit schönem Blick auf die Verdon-Schlucht und senkt sich allmählich. Nach einem kleinen Waldstück (6 Std.) blickt man auf das Hochtal von **La-Palud-sur-Verdon,** zu dem man in gut 30 Min. absteigt.

Moustiers-Ste-Marie

Der 600-Seelenort beeindruckt durch seine Lage: Die Häuser des mittelalterlichen Ortes ducken sich unter kahle Steilwände, in die ein zu Tal stürzender Bach eine tiefe Bresche gegraben hat. Zwischen den Felsen der Kluft schwingt an einer Eisenkette ein metallener Stern, der nach der Überlieferung von einem aus arabischer Gefangenschaft heimgekehrten Kreuzritter als Dank für die Befreiung angebracht wurde.

Die sehenswerte romanische Dorfkirche besitzt einen Glockenturm (12. Jh.), der durch seine hoch aufragende Form, die Stufengliederung und die mit Rundbogenfriesen verzierten Fensteröffnungen den Einfluss der lombardischen Romanik verrät. Der Chor der Kirche wurde gotisch erneuert. Ebenfalls ein Stilgemisch aus romanischen und gotischen Elementen bildet die Kapelle Notre-Dame-de-Beauvoir, die zwischen Zypressen auf einem Felsvorsprung in der Schlucht über dem Ort liegt. Zu dieser Wallfahrtsstätte führt ein von Kreuzwegstationen gesäumter Stufenweg. Allein der weite Blick über die Dächer von Moustiers-Ste-Marie zum Plateau de Valensole lohnt den Aufstieg.

Moustiers-Ste-Marie ist berühmt für seine Fayencen, die hier seit dem 17. Jh. gefertigt werden. Ein reisender Mönch aus Faenza hatte den Anwohnern das sorgsam gehütete Geheimnis der Herstellungsweise verraten, das die Italiener aus Asien mitgebracht hatten. Einige schöne Stücke aus der Frühzeit der Produktion sind im Fayence-Museum in der Krypta der Dorfkirche ausgestellt. In zahlreichen Läden des Ortes kann man die glasierten und handbemalten Teller, Vasen und Krüge erstehen, wobei es für den Laien in der Regel nicht ganz einfach ist, Massenware von sorgfältig in traditioneller Weise gearbeiteten Stücken zu unterscheiden.

3. Tag

Von La-Palud-sur-Verdon zum Point Sublime

Die Gorges du Verdon zeigen ein faszinierendes Schauspiel imposanter Kalkformationen, enger Flussdurchlässe, malerischer Windungen und steil abstürzender Wände. Der ›Grand Canyon‹ lässt sich auf dem bekannten ›Sentier Martel‹ zu Fuß erkunden.

Dauer: 5.30 Std.

Länge: 13 km

Charakter: Trotz der wilden Felsszenerie nicht übermäßig schwierige und anstrengende Wanderung; Trittsicherheit ist erforderlich; Personen mit ausgeprägter Höhenangst sollten die Tour nicht unternehmen; steinige Pfade, z. T. über Felsstufen; langer Abstieg über eine steile Eisenleiter; gegen Ende der Wanderung ein langer Tunnel, in dem nach starken Regenfällen Wasser stehen kann

Markierung: Die gesamte Tour folgt dem rot-weiß markierten GR 4.

Ausrüstung: Unerlässlich sind gutes Schuhwerk und eine Taschenlampe für die Tunnelpassage. Man sollte auch Trinkwasser, ausreichend Lebensmittel und einen Regenschutz mitnehmen. Bei einem Unfall kann Hilfe erst nach längerer Zeit kommen, ein vorzeitiger Ausstieg aus der Schlucht ist nicht möglich.

Einkehrmöglichkeiten: Imbiss in Chalet de la Maline (nicht ganzjährig); Restaurant/Bar beim Point Sublime;unterwegs keine

Man geht von **La-Palud-sur-Verdon** zunächst 200 m auf der D 952 Richtung Moustiers-Ste-Marie, biegt dann – vor einem Campingplatz – nach links auf einen Weg nach Süden, der in 10 Min. zur D 23 führt. Man biegt nach rechts, bleibt auf der Straße bis **Les Malines** (ca. 7 km). Ab hier folgt man der Beschreibung der Tour 33 (S. 143).

4. Tag

Vom Point Sublime nach Castellane

Die Route folgt uralten Hirtenpfaden an den Berghängen über dem Verdontal. Immer wieder bieten sich weite Ausblicke über die menschenleeren Gebirgszüge der oberen Provence. Man passiert drei winzige Ortschaften und ein Ruinendorf, wandert die meiste Zeit durch eine vollkommen einsame Landschaft.

Dauer: 5.30 Std.

Anstieg: 600 m

Charakter: Bis auf die Länge problemlose Wanderung; einfache Orientierung; es wird durchgängig dem rot-weiß markierten GR 4 gefolgt

Einkehrmöglichkeiten: In Chasteuil Buvette (Imbiss), nicht ganzjährig geöffnet

Bei der **Auberge du Point Sublime** nimmt man die D17 Richtung Rougon, biegt von ihr nach 30 m nach rechts und nach weiteren 10 m nach links auf einen über eine Wiese ansteigenden Pfad (GR 4). Man gelangt nach **Rougon** und biegt im Ort beim Lebensmittelgeschäft nach links in eine aufwärts führende Gasse (30 Min.). An deren Ende nimmt man links einen ansteigenden Pfad. Man kreuzt einen Fahrweg und geht auf einem breiteren Weg über kahle Hänge weiter aufwärts; dem Wanderer eröffnet sich ein schöner Blick auf Rougon vor dem Hintergrund der Gorges du Verdon.

Es folgen gut 30 Min. Anstieg ab Rougon. Der Weg verläuft dann eben, wendet sich nach Norden und überquert – parallel zu einer Leitung – eine Hochfläche. Hinter einem **Pass** (1.30 Std., 1245 m) geht man abwärts und gelangt nach einem Wegstück im Eichenwald zum Weiler **Chasteuil** (2.30 Std.).

Bei der Gabelung am oberen Ortsrand hält man sich links (nordöstlich). Der Weg senkt sich, kreuzt einen Bach und verläuft eben am Hang über dem Verdon-Tal. Ein kurzer Anstieg führt zum Pass der **Kapelle St-Jean** (3.20 Std.); hier nach links biegen. (Nach rechts gelangt man in wenigen Minuten zur schön gelegenen Kapelle.)

Der Pfad beschreibt unterhalb der Ruinen von Brandis einen Rechtsbogen; hier nach links auf einen schmalen Pfad abzweigen. Nach kurzem Anstieg sieht man links unter einem Walnussbaum eine Quelle. Man geht weiter aufwärts und gelangt zum **Ruinendorf Brandis,** über

In 4 Tagen von Riez über die Gorges du Verdon nach Castellane: 4. Tag

Blick von Rougon in den Couloir Samson

dem steile Felskanten, die ›Cadières de Brandis‹, aufragen (3.45 Std.).

Bei den Ruinen wendet man sich nach rechts (westlich) und geht auf einem schönen Weg hoch über der Clue de Chasteuil zum Dorf **Villars-Brandis** (4.15 Std.). Von hier gehen wir auf einem Sträßchen zu Tal. Nach 10 Min. auf Asphalt, nach einer Rechtskurve, zweigt man nach links auf einen Pfad. Man gelangt zu einem Fahrweg (4.30 Std.) und biegt nach links.

Auf diesem etwas eintönigen Weg erreicht man ein Sträßchen beim Weiler **La Colle**. Hinter einem Bach wendet man sich nach rechts und geht auf dem Sträßchen zur D 952 im Verdon-Tal. Man folgt 100 m der Hauptstraße, um dann nach rechts in eine Nebenstraße zu biegen. Die rot-weiße Markierung des GR weist nach weiteren 200 m in ein Sträßchen nach links. Weniger Asphalt bietet der folgende Weg: Man geht geradeaus (ohne Markierung), dann rechts um eine Kläranlage herum und wendet sich dahinter nach links. Auf einem parallel zum Verdon verlaufenden Weg gelangt man sodann nach **Castellane** (5.30 Std.).

Castellane

Das angenehme Landstädtchen wird vom ›Roc‹, einem massigen, senkrecht aufragenden Felsklotz von 180 m Höhe überragt.

Der Platz, an dem sich heute Castellane befindet, ist seit ligurischer Zeit durchgängig besiedelt. Nach einem Sarazeneneinfall im Jahre 812 begann man auf dem Roc ein neues, befestigtes Dorf zu errichten. Wegen des schwierigen Zugangs wurde diese Ansiedlung bald wieder zu Gunsten der Unterstadt aufgegeben, die ebenfalls Befestigungsanlagen erhielt. Ein Teilstück der mittelalterlichen Stadtmauer mit einem fünfeckigen Wehrturm sowie einem Uhrturm aus dem 14. Jh. ist nördlich des Ortszentrums noch erhalten. Im Ort selbst findet man die schlichte romanische Kirche St-Victor aus dem 12. Jh.

Auf dem Roc sind noch Reste der verlassenen Ansiedlung aus dem frühen Mittelalter auszumachen. Die Kapelle auf der Felsspitze wurde im Jahre 1706 errichtet. Den Felsen kann man in gut 30 Min. zu Fuß ersteigen. Der Weg beginnt hinter der neuen Kirche von Castellane, an der Nordostecke des Hauptplatzes.

Register

Abros 126
Aiguebrun-Tal 69, 73
Aiguier Neuf 91
Aiguille de l'Eissadon 125
Alpilles 99, 102, 107
Ancien Canal du Verdon 136
Annot 149
Apt 68, 89, 93
Argenton 148
Aubesier, Höhle 32
Aurent 148

Baou de Vespre 113
Barrage de Peirou 100
Basses Gorges du Verdon 136
Baume aux Pigeons 144
Baume Roustan 47
Belvédère de Cubercelas 135
Bonnieux 64, 66
Boulinette 55
Brandis, Ruinendorf 159
Brèche d'Imbert 144
Buoux 71, 73

Cabrières-d'Avignon 83
Cadières de Brandis 160
Calanque de Marseilleveyre 122
Calanque d'En Vau 125
Calanque de Port-Miou 123
Calanque de Sugiton 120
Calanques de Cassis 123
Calanques de Marseille 119
Callelongue 122
Canal des Alpines 99, 101
Cap de Serre 65
Caseneuve 53
Cassis 123
Castellaras, Höhle 32
Castelas, Alpilles 109
Castellane 161
Cavalon-Bach 55
Chaloux 55
Chapelle de Dromont 128
Chapelle St-André 134

Château de Buoux 71
Château de Trévans 135
Col d'Argenton 147
Col du Cayron 21
Collet Gouiran 147
Collias 97, 98
Colorado provençal 50
Combe de Beringuier 36
Combe de Curnier 30
Combe de Vaumale 88
Combe Fiole 30
Combe Fontjouvale 47
Couloir Samson 160
Coulomps 148
Crestet 17
Croix de Provence 113

Défilé du Rocher 76
Dentelles de Montmirail 16
Dentelles Sarrasines 22
Digne 132

Enclos de Bourges 88
Entrages 130
Estoublaisse 135

Falaise des Toits 119
Falaise du Devenson 125
Falaise de Lioux 88
Fontaine-de-Vaucluse 36, 82
Fort de Buoux 70, 72

Gardon 97
Gigondas 20
Gordes 39, 85
Gorges de la Nesque 32
Gorges d'Opedette 56
Gorges de la Veroncle 45, 86
Gorges du Verdon (Verdonschlucht) 139, 143, 144, 158
Grand Luberon 68, 71
Grand Travers 21
Grave Faoultière 28
Grotte Baume aux Bœufs 144

Register

Grottes de Calès 110
Grotte von St-Maurin 141

Joucas 43

la-Palud-sur-Verdon 143, 157, 158
le Beau 144
le Beaucet 34
les Antiques 99
les-Baux-de-Provence 104
les Opies 108
les Portalas 65
Lioux 88
Lourmarin 66, 67, 70
Luberon siehe Petit/Grand Luberon

Malaucène 19
Massif de la St-Baume 115
Maussane-les-Alpilles 102
Méailles 146
Mollans 24
Monieux 31
Montagne St-Victoire 111, 114
Mont Serein 27
Mont Ventoux 28
Morgiou 121
Moustiers 156
Mur de la Peste 84
Murs 44, 87

Nans-les-Pins 115
Notre-Dame-de-Ste-Victoire 112

Oppède-le-Vieux 58
Oppedette 56

Pas d'Entrages 130
Pas de Loup 18
Petit Luberon 58, 61, 64
Point Sublime 144, 159
Pont de Tuf 134
Pont du Gard 96
Portalet d'En Vau 124, 125

Quinson 136

Ravin du Brusc 139
Ravin du Grand Marignon 47

Ravin du Grand Vallat 26
Ravin du Pas d'Escale 133
Regain, Jugendherberge 76
Régalon-Schlucht 61
Riez 151, 155
Rocher des deux Trous 100
Rocher du Cire 31
Rougon 159
Rustrel 91

Saignon 75, 78
Saumane-de-Vaucluse 37
Seguin 69, 72
Sénancole 40
Sénanque, Koster 40
Sernhac 94, 96
Sisteron 128
Sivergues 72, 77
Sources de l'Huveaune 116
St-Amas 53
St-Bonnet du-Gard 94
Ste-Maximine, Kapelle 138
St-Geniez 127
St-Laurent 52
St-Michel de Cousson 131
St-Michel, Kapelle 32
St-Paul-de-Mausole, Kloster 99
St-Pilon-Kapelle 118
St-Rémy 99, 101
St-Saturnin-les-Apt 46, 89
St-Siffrein, Kapelle 35
St-Vérédème, Kapelle 98
St-Symphorien 72

Rieu 33

Tête de la Grave 28
Toulourenc 24

Vaison-la Romaine 16
Vallon de Combrès 60
Vançon 126
Vauvenargues 114
Venasque 33
Verdon 136, 139, 140, 144, 158
Village de Bories 39
Villars-Brandis 160
Viens 52

Die neuen Wanderführer für Aktive zu den schönsten Wanderzielen Europas.

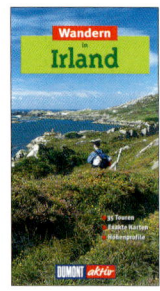

»DUMONT macht mobil! DUMONT *aktiv* heißt die neue Reiseführerreihe für Wanderfreunde. Ob Schwarzwald, Dolomiten, Irland oder die Pyrenäen, die Reiseführer im handlichen Format geben nützliche Informationen über Wandersaison, Ausrüstung sowie interessante Naturerscheinungen entlang der vorgeschlagenen Routen. Farbige Höhenprofile zu jeder Wanderung lassen sofort erkennen, wie anspruchsvoll der Weg ist und wieviel Zeit man dafür einplanen muss.«
Augsburger Allgemeine

»Sie passen in jede Rucksackseiten- oder Anoraktasche. Die kompakte Form geht jedoch nicht zu Lasten der Beschreibungen. Jede Route wird mit allem geschildert, was wichtig ist: der Wanderzeit, der Weglänge, dem Routen-Charakter bis hin zu Sehenswürdigkeiten und Einkehrmöglichkeiten am Wege.«   *Welt am Sonntag*

Weitere Informationen über die Titel der Reihe DUMONT aktiv erhalten Sie
bei Ihrem Buchhändler oder beim DUMONT Buchverlag • Postfach 10 10 45 • 50450 Köln
Besuchen Sie uns im Internet: http://www.dumontverlag.de

Die Reiseführer mit topaktuellen Tipps, fünf ungewöhnlichen Extra-Touren und einer handlichen Karte zum Herausnehmen für nur
DM 12,90 / öS 94,– / sFr. 12,90

Jeder Band wird jährlich auf den neuesten Stand gebracht. Auf dem Cover steht deutlich das aktuelle Erscheinungsjahr.

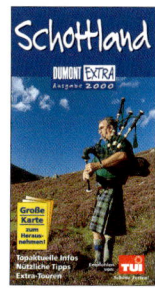

»Große Klasse zum kleinen Preis: schnelle Infos, tolle Fotos, fünf Touren, moderne Grafik und Extrakarte. Ein kompletter Reiseführer für junge Leute und Junggebliebene. Mit Insidertipps, die jede Reise zu einem wahren Vergnügen machen.«   *buch aktuell*

»Es handelt sich hier um kompakte Reiseführer mit verlässlichen, topaktuellen Tipps und wirklich lohnenden, originellen Tourenvorschlägen. Außerordentlich ist die jährliche Neuauflage! Ingesamt bietet ›DUMONT Extra‹ Tipps, Tipps und nochmals Tipps; und diese dann auch garantiert Jahr für Jahr neu.«   *Nordbayerischer Kurier*

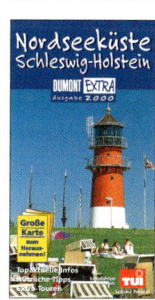

Weitere Informationen über die Titel der Reihe DUMONT-Extra erhalten Sie
bei Ihrem Buchhändler oder beim DUMONT Buchverlag • Postfach 10 10 45 • 50450 Köln
Besuchen Sie uns im Internet: http://www.dumontverlag.de

DUMONT REISE-TASCHENBUCH

»Ein DUMONT muss nicht dick sein. Mit höchstens 240 Seiten passen die DUMONT Reise-Taschenbücher wirklich in jede Tasche. Sehr übersichtlich und optisch ansprechend bietet diese Reihe trotz der Kürze viel Hintergrundwissen im landeskundlichen Teil. Nach dem Motto ›Man sieht nur, was man weiß‹ wurden auch diese Titel wieder von ausgezeichneten Landeskennern verfasst und Urlaubsziele unter neuen Aspekten vorgestellt.«

tours

»Was den DUMONT-Leuten gelungen ist: Trotz der Kürze steckt in diesen Büchern genügend Würze. Immer wieder sind unerwartete Informationen zu finden, nicht trocken eingestreut, sondern lebhaft geschrieben ... Diese Mischung aus journalistisch aufgearbeiteten Hintergrundinformationen, Erzählung und die ungewöhnlichen Blickwinkel, die nicht nur bei den Farb- und Schwarzweißfotos gewählt wurden – diese Mischung macht's. Eine sympathische Reiseführer-Reihe.«

Südwestfunk

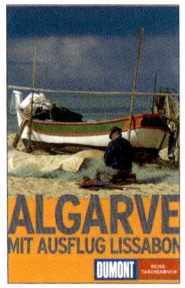

Weitere Informationen über die Titel der Reihe DUMONT Reise-Taschenbücher erhalten Sie bei Ihrem Buchhändler oder beim DUMONT Buchverlag • Postfach 10 10 45 • 50450 Köln
Besuchen Sie uns im Internet: http//www.dumontverlag.de

»Den äußerst attraktiven Mittelweg zwischen kunsthistorisch orientiertem Sightseeing und touristischem Freilauf geht die inzwischen sehr umfangreich gewordene, blendend bebilderte Reihe ›Richtig Reisen‹. Die Bücher haben fast schon Bildbandqualität, sind nicht nur zum Nachschlagen, sondern auch zum Durchlesen konzipiert. Meist vorbildlich der Versuch, auch jenseits der ›Drei-Sterne-Attraktionen‹ auf versteckte Sehenswürdigkeiten hinzuweisen, die zum eigenständigen Entdecken abseits der ausgetrampelten Touristenpfade anregen.«
Abendzeitung, München

»Zum einen bieten die Bände der Reihe ›Richtig Reisen‹ dem Leser eine vorzügliche Einstimmung, zum anderen eignen sie sich in hohem Maß als Wegweiser, die den Touristen auf der Reise selbst begleiten.«
Neue Zürcher Zeitung

»Schön bebildert, ansprechend und übersichtlich aufgemacht. Erstklassige Autoren.«   *Reise und Preise*

Weitere Informationen über die Titel der Reihe DUMONT Richtig Reisen erhalten Sie bei Ihrem Buchhändler oder beim DUMONT Buchverlag • Postfach 10 10 45 • 50450 Köln
Besuchen Sie uns im Internet: http://www.dumontverlag.de

Abbildungsnachweis

Alle Aufnahmen in diesem Band stammen von Georg Henke, Bremen

Karten und Höhenprofile: Berndtson & Berndtson Productions GmbH, Fürstenfeldbruck © DuMont Buchverlag, Köln

Impressum

Titelbild: In den Dentelles de Montmirail

Über den Autor: Georg Henke, geb. 1950 in Velbert im Rheinland. Arbeitet als Jurist, Fotograf und Reisebuchautor. Ausgedehnte Reisen führten ihn um die ganze Welt. In Europa zieht es ihn vor allem nach Südfrankreich, das er seit 1977 regelmäßig bereist.

Die deutsche Bibliothek – CIP-Einheitsaufnahme

Henke, Georg
Wandern in der Provence / Georg Henke. – DuMont 2000
       (DuMont aktiv)
       ISBN 3-7701-5247-6

Graphisches Konzept: Groschwitz, Hamburg
© DuMont Buchverlag, Köln
Alle Rechte vorbehalten
Druck: Rasch, Bramsche
Buchbinderische Verarbeitung: Bramscher Buchbinder Betriebe

ISBN 3-7701-5247-6